~ 미래와 통하는 책 ~

동양북스 외국어
베스트 도서

700만 독자의 선택!

새로운 도서,
다양한 자료
동양북스
홈페이지에서
만나보세요!

www.dongyangbooks.com
m.dongyangbooks.com

※ 학습자료 및 MP3 제공 여부는 도서마다 상이하므로 확인 후 이용 바랍니다.

홈페이지 도서 자료실에서 학습자료 및 MP3 무료 다운로드

PC

❶ 홈페이지 접속 후 도서 자료실 클릭
❷ 하단 검색 창에 검색어 입력
❸ MP3, 정답과 해설, 부가자료 등 첨부파일 다운로드
  * 원하는 자료가 없는 경우 '요청하기' 클릭!

MOBILE

* 반드시 '인터넷, Safari, Chrome' App을 이용하여 홈페이지에 접속해주세요. (네이버,
  다음 App 이용 시 첨부파일의 확장자명이 변경되어 저장되는 오류가 발생할 수 있습니다.)

❶ 홈페이지 접속 후 ☰ 터치

❷ 도서 자료실 터치

❸ 하단 검색창에 검색어 입력
❹ MP3, 정답과 해설, 부가자료 등 첨부파일 다운로드
  * 압축 해제 방법은 '다운로드 Tip' 참고

오늘부터
일본어

STEP 1

오늘부터 일본어 STEP 1

초판 인쇄 | 2023년 12월 26일
초판 발행 | 2024년 1월 10일

지은이 | 이상원, 손동주, 임태희, 김옥선, 서만식, 손다은
발행인 | 김태웅
기획편집 | 길혜진
일러스트 | 권석란
디자인 | 남은혜, 김지혜
마케팅 총괄 | 김철영
온라인 마케팅 | 김은진
제작 | 현대순

발행처 | (주)동양북스
등 록 | 제2014-000055호
주 소 | 서울시 마포구 동교로22길 14 (04030)
구입 문의 | 전화 (02)337-1737 팩스 (02)334-6624
내용 문의 | 전화 (02)337-1762   dybooks2@gmail.com

ISBN   979-11-5768-991-0   14730
       979-11-5768-990-3   (세트)

"차근차근 한 걸음씩"

오늘부터 일본어

STEP 1

이상원, 손동주, 임태희, 김옥선, 서만식, 손다은 지음

동양북스

본 교재는 한국어를 모국어로 하는 학습자가 보다 쉽게 일본어를 익힐 수 있도록 학습자의 입장에서 구성한 교재입니다.

일본어는 한국어와 어순이 비슷하여 학습동기적인 측면에서 접근성이 좋을 뿐만 아니라, 한국어의 한자어와 비슷한 음으로 발음되는 어휘가 많아 흥미를 가지기에 좋은 언어이기도 합니다.

그럼에도 일본어는 공부하면 할수록 어렵다고 호소하는 분들이 많습니다. 사실 여기에는 몇 가지 원인이 있습니다. 한자마다 음독(音読)과 훈독(訓読) 두 가지로 읽는 법을 암기해야 하는 점, 한국인에게는 다소 생소한 화자 중심의 수동 및 사역수동 표현, 비즈니스나 공식적인 자리에서 사용되는 경어체 등이 그 예가 될 수 있습니다.

본 교재에서는 이와 같은 어려움을 느끼는 분들을 위해 실생활에서 자주 사용되는 기본표현과 어휘는 물론, 일본어능력시험(JLPT) N4, N5 수준에 해당하는 문형 및 연습문제를 함께 구성하여 심화 학습까지 가능하도록 하였습니다. 나아가 〈업그레이드〉 페이지를 통해 한 단계 더 높은 수준의 학습을 해 볼 수 있으며, 〈문화〉 페이지를 통해 일본 문화에 대한 상식도 자연스럽게 쌓을 수 있도록 하였습니다.

필자는 외국어 학습에 있어서 가장 중요한 것은 꾸준한 학습이라고 생각합니다. 일본 속담에 「石の上にも 3 年」이라는 말이 있습니다. 무슨 일이든 적어도 3년은 꾸준히 해야 한다는 뜻입니다. 여러분이 본 교재를 시작으로 계속해서 꾸준히 일본어를 공부한다면 일본어 실력의 향상은 물론, 각종 시험 준비나 일본어 관련 분야로의 진출 등 각자가 목표한 바를 이룰 수 있을 것이라 확신합니다.

마지막으로 이 교재를 집필할 수 있는 기회를 주신 동양북스 김귀찬 부장님과 길혜진 과장님, 완성도 높은 교재를 위해 수고해 주신 권기은 편집자님께 감사의 인사를 드립니다. 그리고 이 교재가 세상에 나오기까지 밤낮으로 함께 고생하신 집필진 선생님 모두에게도 감사의 인사를 드립니다.

2023년 12월
저자 이상원

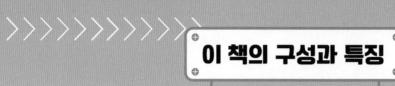

이 책의 구성과 특징

1과

こちらこそ よろしく お願いします。

저야말로 잘 부탁드립니다.

林　始めまして。私は 林です。

イ　始めまして。私は イです。

林　イさんは 韓国人ですか。

イ　はい、韓国人です。林さんは 会社員ですか。

林　いいえ、会社員じゃ ないです。大学生です。

1 대화문

각 과에서 배울 표현을 인물들의
대화를 통해 살펴봅니다.

새로운 단어

□ 始めまして	처음 뵙겠습니다	□ 中国人	중국인
□ 私	저, 나	□ 先生	선생님
□ 韓国人	한국인	□ 彼	그〈사람〉
□ 会社員	회사원	□ 彼女	그녀, 여자친구
□ 大学生	대학생	□ こちらこそ	저야말로
□ どうぞ	아무쪼록	□ あなた	당신
□ よろしく	잘	□ 君	너

2 새로운 단어

본 학습에 들어가기 전에 새로운
어휘들을 미리 익혀봅니다.

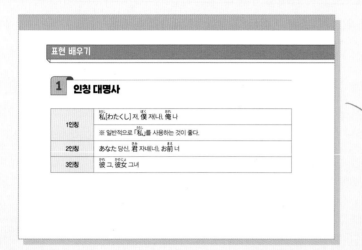

표현 배우기

1 인칭 대명사

1인칭	私[わたくし] 저, 僕 저(나), 俺 나
	※ 일반적으로「私」를 사용하는 것이 좋다.
2인칭	あなた 당신, 君 자네(너), お前 너
3인칭	彼 그, 彼女 그녀

3 표현 배우기

새로운 문형과 문법을 다양한
예문을 통해 익힙니다.

예문과 같이 빈 칸을 채우세요.

예
Ⓐ イさんは 学生^{がくせい}ですか。(学生^{がくせい})
Ⓑ はい、学生^{がくせい}です 。

❶ Ⓐ 田中^{たなか}さんは 大学生^{だいがくせい}ですか。(会社員^{かいしゃいん})

Ⓑ いいえ、_____。

4 연습문제

학습한 내용을 연습문제를 풀며
다시 한 번 복습합니다.

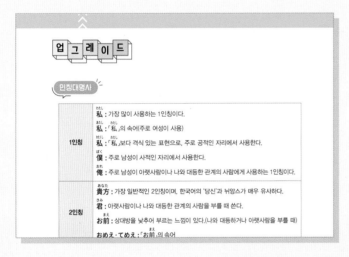

업 그 레 이 드

인칭대명사

1인칭	私^{わたし} : 가장 많이 사용하는 1인칭이다. 私^{あたし} : 「私^{わたし}」의 속어(주로 여성이 사용) 私^{わたくし} : 「私^{わたし}」보다 격식 있는 표현으로, 주로 공적인 자리에서 사용한다. 僕^{ぼく} : 주로 남성이 사적인 자리에서 사용한다. 俺^{おれ} : 주로 남성이 아랫사람이나 나와 대등한 관계의 사람에게 사용하는 1인칭이다.
2인칭	貴方^{あなた} : 가장 일반적인 2인칭이며, 한국어의 '당신'과 뉘앙스가 매우 유사하다. 君^{きみ} : 아랫사람이나 나와 대등한 관계의 사람을 부를 때 쓴다. お前^{まえ} : 상대방을 낮추어 부르는 느낌이 있다.(나와 대등하거나 아랫사람을 부를 때) おめえ・てめえ : 「お前^{まえ}」의 속어

5 업그레이드

학습한 내용과 관련하여 더 심도
있는 내용을 배워 봅니다.

6 문화

일본에 관한 기본 정보나 상식을
간단하게 배워 봅니다.

문화

일본의 성씨(名字^{みょうじ})

순위	성씨	인구 수	순위	성씨	인구 수
1위	佐藤^{さとう}(사토)	약 1,871,000명	11위	吉田^{よしだ}(요시다)	약 829,000명
2위	鈴木^{すずき}(스즈키)	약 1,797,000명	12위	山田^{やまだ}(야마다)	약 814,000명
3위	高橋^{たかはし}(다카하시)	약 1,411,000명	13위	佐々木^{ささき}(사사키)	약 673,000명
4위	田中^{たなか}(다나카)	약 1,335,000명	14위	山口^{やまぐち}(야마구치)	약 643,000명
	いとう			まつもと	

히라가나

	あ단	い단	う단	え단	お단
あ행	あ [a]	い [i]	う [u]	え [e]	お [o]
か행	か [ka]	き [ki]	く [ku]	け [ke]	こ [ko]
さ행	さ [sa]	し [shi]	す [su]	せ [se]	そ [so]
た행	た [ta]	ち [chi]	つ [tsu]	て [te]	と [to]
な행	な [na]	に [ni]	ぬ [nu]	ね [ne]	の [no]
は행	は [ha]	ひ [hi]	ふ [fu]	へ [he]	ほ [ho]
ま행	ま [ma]	み [mi]	む [mu]	め [me]	も [mo]
や행	や [ya]		ゆ [yu]		よ [yo]
ら행	ら [ra]	り [ri]	る [ru]	れ [re]	ろ [ro]
わ행·ん	わ [wa]		を [wo]		ん [ŋ]

가타카나

	ア단	イ단	ウ단	エ단	オ단
ア행	ア [a]	イ [i]	ウ [u]	エ [e]	オ [o]
カ행	カ [ka]	キ [ki]	ク [ku]	ケ [ke]	コ [ko]
サ행	サ [sa]	シ [shi]	ス [su]	セ [se]	ソ [so]
タ행	タ [ta]	チ [chi]	ツ [tsu]	テ [te]	ト [to]
ナ행	ナ [na]	ニ [ni]	ヌ [nu]	ネ [ne]	ノ [no]
ハ행	ハ [ha]	ヒ [hi]	フ [fu]	ヘ [he]	ホ [ho]
マ행	マ [ma]	ミ [mi]	ム [mu]	メ [me]	モ [mo]
ヤ행	ヤ [ya]		ユ [yu]		ヨ [yo]
ラ행	ラ [ra]	リ [ri]	ル [ru]	レ [re]	ロ [ro]
ワ행·ン	ワ [wa]		ヲ [wo]		ン [ŋ]

차례

히라가나 발음과 쓰기

1 청음(清音)

あ행

우리말의 '아, 이, 우, 에, 오'와 비슷하지만 「い」는 양 입술을 옆으로 벌리고 발음하며 「う」는 입술을 앞으로 내밀지 않도록 주의한다.

あ [a]	い [i]	う [u]	え [e]	お [o]
あい 사랑	いえ 집	うえ 위	え 그림	あお 파랑
あ				
い				
う				
え				
お				

か행

우리말의 '카, 키, 쿠, 케, 코'와 비슷하다. 「く」는 '쿠'와 '크'의 중간 발음이다.

か [ka]	き [ki]	く [ku]	け [ke]	こ [ko]
かお 얼굴	かき 감	きく 국화	いけ 연못	こい 잉어
か				
き				
く				
け				
こ				

さ행

우리말의 '사, 시, 스, 세, 소'와 비슷하다. 「す」는 '수'보다는 '스'에 가깝게 발음한다.

さ [sa]	し [shi]	す [su]	せ [se]	そ [so]
さけ 술	しお 소금	すし 초밥	せかい 세계	すそ 옷자락
さ				
し				
す				
せ				
そ				

た행

우리말의 '타, 치, 츠, 테, 토'와 비슷하다. 「ち, つ」는 た행이지만 자음이 다르며 우리
말에 없는 발음이므로 많이 듣고 따라하도록 하자.

た [ta]	ち [chi]	つ [tsu]	て [te]	と [to]
たき 폭포	いち 하나	つき 달	て 손	いと 실
た				
ち				
つ				
て				
と				

な행

우리말의 '나, 니, 누, 네, 노'와 비슷하다.

な [na]	に [ni]	ぬ [nu]	ね [ne]	の [no]
なし 배	にく 고기	いぬ 개	ねこ 고양이	つの 뿔
な				
に				
ぬ				
ね				
の				

は행

우리말의 '하, 히, 후, 헤, 호'와 비슷하다.

は [ha]	ひ [hi]	ふ [fu]	へ [he]	ほ [ho]
はな 꽃	ひと 사람	ふね 배	へそ 배꼽	ほし 별
は				
ひ				
ふ				
へ				
ほ				

ま행

우리말의 '마, 미, 무, 메, 모'와 비슷하다.

ま [ma]	み [mi]	む [mu]	め [me]	も [mo]
まめ 콩	みそ 된장	むすめ 딸	あめ 비	すもう 스모
ま				
み				
む				
め				
も				

や행

や행은 반모음이며 우리말의 [야, 유, 요]와 비슷하다.

や [ya]		ゆ [yu]		よ [yo]
やま 산		ゆき 눈		よる 밤
や				
ゆ				
よ				

ら행

우리말의 '라, 리, 루, 레, 로'와 비슷하다.

ら [ra]	り [ri]	る [ru]	れ [re]	ろ [ro]
そら 하늘	りす 다람쥐	くるま 자동차	すみれ 제비꽃	いろ 색
ら				
り				
る				
れ				
ろ				

わ행 · 특수음 ん

우리말 '와, 오'와 비슷하며 「ん」은 받침 역할을 한다.
「お」와 「を」는 발음이 같다. 단,「を」는 조사 '～을(를)'로만 사용된다.「ん」은 우리말 받침 'ㄴ, ㅁ, ㅇ'과 같이 발음한다.

わ [wa]		を [wo]		ん [ŋ]
わたし 나		～を ～을		ほん 책
わ				
を				
ん				

2 탁음(濁音)

「か·さ·た·は」행의 오른쪽 위에 탁음부호(˝)를 붙인다.

☐ **が행** 우리말의 '가, 기, 구, 게, 고'와 비슷하다.

が ┄ **かがみ** 거울   ぎ ┄ **かぎ** 열쇠

ぐ ┄ **かぐ** 가구   げ ┄ **ひげ** 수염

ご ┄ **たまご** 달걀

☐ **ざ행** 우리말의 '자, 지, 즈, 제, 조'와 비슷하지만, 알파벳「J」가 아닌「Z」로 발음하는 게 좋다. 「ず」는「す」와 마찬가지로 '주'보다는 '즈'에 더 가깝다.

ざ ┄ **ひざ** 무릎   じ ┄ **ひじ** 팔꿈치

ず ┄ **みず** 물   ぜ ┄ **かぜ** 바람

ぞ ┄ **かぞく** 가족

☐ **だ행** 우리말의 '다, 지, 즈, 데, 도'와 비슷하지만, 「ぢ, づ」는「じ, ず」와 발음이 같다. 「ぢ, づ」보다는「じ, ず」를 많이 사용한다.

だ ┄ **だいがく** 대학   ぢ ┄ **はなぢ** 코피

づ ┄ **こづつみ** 소포   で ┄ **そで** 소매

ど ┄ **まど** 창문

□ **ば행** 우리말의 '바, 비, 부, 베, 보'와 비슷하다.

ば … ばら 장미　　　び … えび 새우

ぶ … ぶた 돼지　　　べ … かべ 벽

ぼ … ぼうし 모자

3 반탁음(半濁音)

반탁음은 「は」행에만 사용한다.

□ **ぱ행** 첫음절에서는 우리말의 '파, 피, 푸, 페, 포'와 비슷하고 그 외는 우리말
'빠, 삐, 뿌, 뻬, 뽀'와 비슷하다.
예) ぱぷりか[파뿌리카], ぽぽ[포뽀]

ぱ … いっぱい 한 잔　　　ぴ … ぴかぴか 번쩍번쩍

ぷ … ぷくぷく 부글부글　　　ぺ … ぺらぺら 재잘재잘

ぽ … ぽかぽか 따끈따끈

4 요음(拗音)

い단 글자 옆에 「や・ゆ・よ」를 작게 표기한다. 「い」를 제외한 글자에 사용 가능하다. (き,し,ち,に,ひ,み,り,ぎ,じ,ぢ,び,ぴ)

• 잘못된 사용의 예) さゃ, かゃ, すゅ, はょ, らゅ 등

□ 「き・ぎ」에 붙이면 우리말 '캬, 큐, 쿄', '갸, 규, 교'와 비슷하다.

きゃ …	おきゃく 손님	ぎゃ …	ぎゃく 반대
きゅ …	きゅうり 오이	ぎゅ …	ぎゅうにゅう 우유
きょ …	きょり 거리	ぎょ …	きんぎょ 금붕어

□ 「し・じ」에 붙이면 우리말 '샤, 슈, 쇼', '쟈, 쥬, 죠'와 비슷하다.

しゃ …	しゃしん 사진	じゃ …	じんじゃ 신사
しゅ …	しゅじん 주인	じゅ …	しんじゅ 진주
しょ …	しょみん 서민	じょ …	じょせい 여성

□ 「ち」에 붙이면 우리말 '챠, 츄, 쵸'와 비슷하다. 「ぢ」에 붙여 「ぢゃ, ぢゅ, ぢょ」로 쓸 수도 있으나 대부분 「じゃ, じゅ, じょ」로 쓴다.

ちゃ …	おちゃ 차	ちゅ …	ちゅうもん 주문
ちょ …	ちょちく 저축		

□ 「に・ひ」에 붙이면 우리말 '냐, 뉴, 뇨', '햐, 휴, 효'와 비슷하다.

にゃ … こんにゃく 곤약   ひゃ … ひゃく 백

にゅ … にゅういん 입원   ひゅ … ひゅうひゅう 휘휘

にょ … にょうぼう 처   ひょ … ひょうじょう 표정

□ 「び・ぴ」에 붙이면 우리말 '뱌, 뷰, 뵤', '퍄(빠), 퓨(뿌), 표(뽀)'와 비슷하다.

びゃ … さんびゃく 삼백   ぴゃ … ろっぴゃく 육백

びゅ … びゅうびゅう 윙윙   ぴゅ … ぴゅうぴゅう 확확

びょ … びょういん 병원   ぴょ … ぴょんぴょん 깡충깡충

□ 「み・り」에 붙이면 우리말 '먀, 뮤, 묘', '랴, 류, 료'와 비슷하다.

みゃ … さんみゃく 산맥   りゃ … りゃくじ 약자

みゅ … ―   りゅ … りゅうがく 유학

みょ … びみょう 미묘   りょ … りょうり 요리

5 촉음(促音)

「つ」를 작게 표기하여 우리말 받침 'ㄱ, ㄷ, ㅂ, ㅅ'으로 사용한다.

□ 뒤에 「か」행의 음이 오면 'ㄱ' 받침처럼 발음한다.

か행 : か き く け こ

がっこう 학교	はっきり 뚜렷이	ゆっくり 천천히
각∨꼬─	학∨끼리	윽∨꾸리

□ 뒤에 「た」행의 음이 오면 'ㄷ' 받침처럼 발음한다.

た행 : た ち つ て と

いったい 대체	きって 우표	ちょっと 좀
읻∨따이	킫∨떼	춛∨또

□ 뒤에 「ぱ」행의 음이 오면 'ㅂ' 받침처럼 발음한다.

ぱ행 : ぱ ぴ ぷ ぺ ぽ

いっぱい 가득	いっぷん 1분	しっぽ 꼬리
입∨빠이	입∨뿡	십∨뽀

□ 뒤에 「さ」행의 음이 오면 'ㅅ' 받침처럼 발음한다.

さ행 : さ し す せ そ

ざっし 잡지	まっすぐ 똑바로	しっそ 질소
잣∨시	맛∨스구	싯∨소

6 발음(撥音)

「ん」을 써서 우리말 받침 'ㄴ, ㅁ, ㅇ'과 같이 발음한다.

□ 뒤에「さ·ざ·た·だ·な·ら」행의 음이 오면 'ㄴ' 받침처럼 발음한다.

あんない 안내	**おんど** 온도	**しんらい** 신뢰
안˙나이	온˙도	신˙라이

□ 뒤에「ま·ば·ぱ」행의 음이 오면 'ㅁ' 받침처럼 발음한다.

えんぴつ 연필	**さんま** 고등어	**てんぷら** 튀김
엠˙삐츠	삼˙마	템˙뿌라

□ 뒤에「あ·は·や·わ」행의 음이 오거나 단어의 마지막 음절이「ん」로 끝날 때 'ㅇ' 받침처럼 발음한다.

かばん 가방	**でんわ** 전화	**はんい** 범위
카방˙˙	뎅˙와	항˙이

□ 뒤에「か·が」행의 음이 오면 'ŋ'처럼 발음한다.

かんこく 한국	**げんき** 건강	**りんご** 사과
캉˙코꾸	겡˙끼	링˙고

7 장음(長音)

모음을 그대로 유지하며 길게 발음한다. 가타카나의 경우 「ー」로 표기한다.

□ あ단 + あ

おかあさん 어머니	おばあさん 할머니
오까ー상	오바ー상

□ い단 + い

おじいさん 할아버지	おにいさん 형, 오빠
오지ー상	오니ー상

□ う단 + う

くうき 공기	すうじ 숫자	ゆうき 용기
쿠ー끼	스ー지	유ー끼

□ え단 + え·い

せんせい 선생님	とけい 시계
센 세ー	토께ー

□ お단 + お·う

おおきい 크다	こうえん 공원
오ー끼ー	코ー엥

가타카나 발음과 쓰기

'외래어, 외국의 인명·지명, 동·식물명,
의성어, 의태어' 등을 표기할 때 사용된다.

① 청음(清音)

ア행

히라가나의 あ행의 발음과 같다.

ア [a]	イ [i]	ウ [u]	エ [e]	オ [o]
アイロン 아이론(다리미)	**インク** 잉크	**ウイスキー** 위스키	**エース** 에이스	**オーロラ** 오로라
ア				
イ				
ウ				
エ				
オ				

カ행

히라가나의 か행의 발음과 같다.

カ [ka]	キ [ki]	ク [ku]	ケ [ke]	コ [ko]
カー 카	キャベツ 캬베츠(양배추)	クラス 클래스	ケーキ 케이크	コイル 코일
カ				
キ				
ク				
ケ				
コ				

サ행

히라가나의 さ행의 발음과 같다.

サ [sa]	シ [si]	ス [su]	セ [se]	ソ [so]
サボテン 사보텐(선인장)	シーソー 시소	スイス 스위스	セール 세일	ソフト 소프트
サ				
シ				
ス				
セ				
ソ				

タ행

히라가나의 た행의 발음과 같다.

タ [ta]	チ [chi]	ツ [tsu]	テ [te]	ト [to]
タオル 타올	チーズ 치즈	ツイッター 트위터	テスト 테스트	トマト 토마토
タ				
チ				
ツ				
テ				
ト				

ナ행

히라가나의 な행의 발음과 같다.

ナ [na]	ニ [ni]	ヌ [nu]	ネ [ne]	ノ [no]
ナイフ 나이프	**ニュース** 뉴스	**ヌードル** 누들	**ネクタイ** 넥타이	**ノート** 노트
ナ				
ニ				
ヌ				
ネ				
ノ				

ハ행

히라가나의 は행의 발음과 같다.

ハ [ha]	ヒ [hi]	フ [fu]	ヘ [he]	ホ [ho]
ハート 하트	ヒーター 히터	フード 후드	ヘア 헤어	ホール 홀
ハ				
ヒ				
フ				
ヘ				
ホ				

マ행

히라가나의 ま행의 발음과 같다.

マ [ma]	ミ [mi]	ム [mu]	メ [me]	モ [mo]
マスク 마스크	**ミニカー** 미니카	**ムード** 무드	**メモ** 메모	**モーター** 모터
マ				
ミ				
ム				
メ				
モ				

ヤ행

や행은 반모음이며 우리말의 [야, 유, 요]와 비슷하다.

ヤ [ya]		ユ [yu]		ヨ [yo]
ヤング 영		**ユーモア** 유모어(유머)		**ヨーグルト** 요구르트
ヤ				
ユ				
ヨ				

ラ행

히라가나의 ら행의 발음과 같다.

ラ [ra]	リ [ri]	ル [ru]	レ [re]	ロ [ro]
ラーメン 라면	リスト 리스트	ルビー 루비	レイン 레인	ローラー 롤러
ラ				
リ				
ル				
レ				
ロ				

ワ행·특수음 ン

히라가나의 わ행과 같다.

ワ [wa]		ヲ [wu]		ン [n]
ワイン 와인		-		パン 빵
ワ				
ヲ				
ン				

② 탁음(濁音)

☐ **ガ행**

ガ [ga]	…	ガラス 유리	ギ [gi] …	ギター 기타
グ [gu]	…	グレープ 그레이프	ゲ [ge] …	ゲーム 게임
ゴ [go]	…	ゴルフ 골프		

☐ **ザ행**

ザ [za]	…	ザクロ 석류	ジ [zi] …	ジグザグ 지그재그
ズ [zu]	…	ズッキーニ 주키니	ゼ [ze] …	ゼウス 제우스
ゾ [zo]	…	ゾンビ 좀비		

☐ **ダ행**

ダ [da]	…	ダイヤモンド 다이아몬드	ヂ [zi] …	チヂミ 지짐이
ヅ [zu]	…	-	デ [de] …	デート 데이트
ド [do]	…	ドア 도어		

□ ば행

ば [ba]	…	バナナ 바나나
ブ [bu]	…	ブーム 붐
ボ [bo]	…	ボール 볼

ビ [bi]	…	ビール 맥주
ベ [be]	…	ベル 벨

3 반탁음(半濁音)

□ パ행

パ [pa]	…	パズル 퍼즐
プ [pu]	…	プロペラ 프로펠러
ポ [po]	…	ポスト 포스트

ピ [pi]	…	ピアノ 피아노
ペ [pe]	…	ペンキ 페인트

④ 요음(拗音)

キャ [kya]	キャスター 캐스터	ギャ [gya]	ギャグ 개그
キュ [kyu]	キュート 큐트	ギュ [gyu]	-
キョ [kyo]	-	ギョ [gyo]	ギョウザ 교자
シャ [sya]	シャープ 샤프	ジャ [ja]	ジャム 잼
シュ [syu]	シュート 슛	ジュ [ju]	ジュース 쥬스
ショ [syo]	ショール 숄	ジョ [jo]	-
チャ [cha]	チャンポン 짬뽕	ヂャ [ja]	현재는 사용되지 않으며 ジャ를 사용한다.
チュ [chu]	チューブ 튜브	ヂュ [ju]	현재는 사용되지 않으며 ジュ를 사용한다.
チョ [cho]	チョコレート 초콜릿	ヂョ [jo]	현재는 사용되지 않으며 ジョ를 사용한다.

ニャ [nya]	ニャニャ 야옹야옹		ヒャ [hya]	-
ニュ [nyu]	ニュース 뉴스		ヒュ [hyu]	ヒュ-ヒュ- 휙휙
ニョ [nyo]	ニョッキ 뇨끼		ヒョ [hyo]	-

ビャ [bya]	-		ピャ [pya]	-
ビュ [byu]	ビューティー 뷰티		ピュ [pyu]	ピューマ 퓨마
ビョ [byo]	-		ピョ [pyo]	ピョンピョン 깡총깡총

ミャ [mya]	-		リャ [rya]	リャマ 라마
ミュ [myu]	エレベーター 엘리베이터		リュ [ryu]	-
ミョ [myo]	-		リョ [ryo]	-

こちらこそ よろしく お願_{ねが}いします。

저야말로 잘 부탁드립니다.

林_{はやし}　始_{はじ}めまして。私_{わたし}は 林_{はやし}です。

イ　始_{はじ}めまして。私_{わたし}は イです。

林_{はやし}　イさんは 韓国人_{かんこくじん}ですか。

イ　はい、韓国人_{かんこくじん}です。林_{はやし}さんは 会社員_{かいしゃいん}ですか。

林_{はやし}　いいえ、会社員_{かいしゃいん}じゃ ないです。大学生_{だいがくせい}です。

イ　そうですか。私_{わたし}も 大学生_{だいがくせい}です。

林_{はやし}　どうぞ よろしく お願_{ねが}いします。

イ　こちらこそ、よろしく お願_{ねが}いします。

해석

하야시	처음 뵙겠습니다. 저는 하야시입니다.
이	처음 뵙겠습니다. 저는 이입니다.
하야시	이 씨는 한국인입니까?
이	네, 한국인입니다. 하야시 씨는 회사원입니까?
하야시	아니요, 회사원이 아닙니다. 대학생입니다.
이	그렇습니까? 저도 대학생입니다.
하야시	아무쪼록 잘 부탁드립니다.
이	저야말로 잘 부탁합니다.

□ 始めまして	처음 뵙겠습니다	□ 中国人	중국인
□ 私	저, 나	□ 先生	선생님
□ 韓国人	한국인	□ 彼	그〈사람〉
□ 会社員	회사원	□ 彼女	그녀, 여자친구
□ 大学生	대학생	□ こちらこそ	저야말로
□ どうぞ	아무쪼록	□ あなた	당신
□ よろしく	잘	□ 君	너
□ お願いします	부탁드립니다	□ 留学生	유학생
□ 名前	이름	□ 日本語	일본어
□ 友達	친구	□ アメリカ人	미국인
□ 英語	영어	□ イギリス人	영국인
□ 日本人	일본인		

1 인칭 대명사

1인칭	私[わたくし] 저, 僕 저(나), 俺 나
	※ 일반적으로 「私」를 사용하는 것이 좋다.
2인칭	あなた 당신, 君 자네(너), お前 너
3인칭	彼 그, 彼女 그녀

2 명사의 활용

	보통형	정중형
현재형	N + だ N이다	N + です N입니다
부정형	N + では[じゃ] ない N이(가) 아니다	N + では[じゃ] ないです N + では[じゃ] ありません N이(가) 아닙니다
과거형	N + だった N이었다	N + でした N이었습니다
과거부정형	N + では[じゃ] なかった N이(가) 아니었다	N + では[じゃ] なかったです N + では[じゃ] ありませんでした N이(가) 아니었습니다

※ N(Noun) : 명사

3 〜は〜です　~은(는) ~입니다

「〜です」는 정중한 표현으로「〜は」를 설명하는 이름, 직업, 국적 등을 나타낸다.

> ❶ 私は カン・マリです。
> 저는 강마리입니다.
>
> ❷ イさんは 学生です。
> 이 씨는 학생입니다.
>
> ❸ 田中さんは 留学生です。
> 다나카 씨는 유학생입니다.

4 〜では[じゃ] ありません[ないです]　~이(가) 아닙니다

「〜です」의 부정 표현이다.

> ❶ 私は 学生では ありません。
> 저는 학생이 아닙니다.
>
> ❷ 彼は 韓国人じゃ ないです。
> 그는 한국인이 아닙니다.
>
> ❸ 彼女は 先生じゃ ありません。
> 그녀는 선생님이 아닙니다.

5 ～ですか ~입니까?

「～です」에 의문형 조사「か」를 붙여서 의문문을 만든다. 이에 대한 긍정의 대답은「はい」, 부정의 대답은「いいえ」이다.

❶ Ⓐ すみません、キムさんですか。 실례지만, 김 씨입니까?

　 Ⓑ はい、キムです。 네, 김입니다.

❷ Ⓐ パクさんは 学生_{がくせい}ですか。 박 씨는 학생입니까?

　 Ⓑ いいえ、学生_{がくせい}じゃ ありません。会社員_{かいしゃいん}です。

　　아니요, 학생이 아닙니다. 회사원입니다.

❸ Ⓐ 彼_{かれ}は 先生_{せんせい}ですか。 그는 선생님입니까?

　 Ⓑ いいえ、先生_{せんせい}じゃ ないです。会社員_{かいしゃいん}です。

　　아니요, 선생님이 아닙니다. 회사원입니다.

6 ～の ~의

한국어의 '～의'와 같은 의미로, 명사가 명사를 수식할 때는 반드시「の」를 사용한다.

❶ 私_{わたし}の 名前_{なまえ}は 林_{はやし}です。

저의 이름은 하야시입니다.

❷ 私_{わたし}は 英語_{えいご}の 先生_{せんせい}です。

저는 영어선생입니다.

❸ 私_{わたし}は イさんの 友達_{ともだち}です。

저는 이 씨의 친구입니다.

연 습 문 제

1 예문과 같이 빈 칸을 채우세요.

> 예
>
> **A** イさんは 学生_{がくせい}ですか。(学生_{がくせい})
>
> **B** はい、<u>学生_{がくせい}です</u> 。

① **A** 田中_{たなか}さんは 大学生_{だいがくせい}ですか。(会社員_{かいしゃいん})

　　 B いいえ、_____。

② **A** すみません。パクさんですか。(キム)

　　 B いいえ、_____。

③ **A** すみません。韓国人_{かんこくじん}ですか。(韓国人_{かんこくじん})

　　 B はい、_____。

④ **A** マリさんは アメリカ人_{じん}ですか。(イギリス人_{じん})

　　 B いいえ、_____。

② 일본어로 써 보세요.

① 저는 대학생입니다.

_____。

② 저는 일본인이 아닙니다.

_____。

③ 그녀는 한국인이었습니다.

_____。

④ 그는 중국인이 아니었습니다.

_____。

⑤ 저는 다나카 씨의 친구입니다.

_____。

⑥ 저는 일본어 선생입니다.

_____。

인칭대명사

1인칭	<ruby>私<rt>わたし</rt></ruby> : 가장 많이 사용하는 1인칭이다. 〈ruby〉私〈rt〉あたし〈/rt〉〈/ruby〉 : 「<ruby>私<rt>わたし</rt></ruby>」의 속어(주로 여성이 사용) <ruby>私<rt>わたくし</rt></ruby> : 「<ruby>私<rt>わたし</rt></ruby>」보다 격식 있는 표현으로, 주로 공적인 자리에서 사용한다. <ruby>僕<rt>ぼく</rt></ruby> : 주로 남성이 사적인 자리에서 사용한다. <ruby>俺<rt>おれ</rt></ruby> : 주로 남성이 아랫사람이나 나와 대등한 관계의 사람에게 사용하는 1인칭이다.
2인칭	<ruby>貴方<rt>あなた</rt></ruby> : 가장 일반적인 2인칭이며, 한국어의 '당신'과 뉘앙스가 매우 유사하다. <ruby>君<rt>きみ</rt></ruby> : 아랫사람이나 나와 대등한 관계의 사람을 부를 때 쓴다. <ruby>お前<rt>まえ</rt></ruby> : 상대방을 낮추어 부르는 느낌이 있다.(나와 대등하거나 아랫사람을 부를 때) **おめえ・てめえ** : 「<ruby>お前<rt>まえ</rt></ruby>」의 속어
3인칭	<ruby>彼<rt>かれ</rt></ruby> : 예전에는 여성도 가리켰으나, 현재는 남성을 가리키는 3인칭이다.(윗사람에게는 사용하지 않음) <ruby>彼女<rt>かのじょ</rt></ruby> : 여성을 가리키는 3인칭이며, 여자친구나 아내를 가리키는 뜻도 있다. <ruby>彼氏<rt>かれ し</rt></ruby> : 여자친구는 「<ruby>彼女<rt>かのじょ</rt></ruby>」이지만, 남자친구는 「<ruby>彼<rt>かれ</rt></ruby>」가 아닌 「<ruby>彼氏<rt>かれ し</rt></ruby>」라고 한다.

경칭

경칭	**さん** : 가장 많이 사용되는 경칭이다.(남녀노소 상관없이 사용) <ruby>君<rt>くん</rt></ruby> : 남성을 부를 때 사용된다.(나와 대등하거나 아랫사람에게 사용) **ちゃん** : 여학생을 부를 때 많이 사용되며, 남성에게도 사용하는 경우도 있다. 　　　　(별명을 부를 때에도 사용) <ruby>様<rt>さま</rt></ruby> : 비즈니스 용어로서, 직장 외 사람에게 사용한다.

2과

この 人は 誰ですか。

이 사람은 누구입니까?

林　ここは どこですか。

イ　ここは タマゴ日本語学校です。

林　あの 写真の 人は 誰ですか。

イ　あの 人は ここの 日本語学校の 先生です。

林　では、これが この 学校の 本ですか。

イ　いいえ、違います。それは 日本の 雑誌です。

　　学校の 日本語の 本は これです。

林　それが 日本語の 本ですか。

イ　はい、そして これは 私の ノートです。

해석

하야시	여기는 어디입니까?
이	여기는 다마고 일본어학교입니다.
하야시	저 사진은 누구인가요?
이	저 사람은 이 일본어학교의 선생님입니다.
하야시	그럼, 이것이 이 학교 책인가요?
이	아니요, 아닙니다. 그건 일본 잡지예요.
	학교의 일본어 책은 이것입니다.
하야시	그것이 일본어 책인가요?
이	네, 그리고 이것은 제 노트입니다.

☐ 学校 (がっこう)	학교	☐ かばん	가방
☐ 写真 (しゃしん)	사진	☐ 傘 (かさ)	우산
☐ 違う (ちが)	아니다, 다르다	☐ お国 (くに)	나라, 고국
☐ 本 (ほん)	책	☐ お店 (みせ)	가게
☐ 本当 (ほんとう)	정말	☐ カフェー	카페
☐ 眼鏡 (めがね)	안경	☐ ワイン	와인
☐ 家 (いえ)	집	☐ テスト	테스트, 시험
☐ 誰 (だれ)	누구	☐ ノート	노트
☐ 休み (やす)	쉼, 휴일	☐ フランス	프랑스
☐ 雑誌 (ざっし)	잡지	☐ トイレ	화장실
☐ 動物園 (どうぶつえん)	동물원	☐ エレベーター	엘리베이터
☐ 携帯 (けいたい)	휴대전화		

1 지시 대명사

	こ (근칭)	そ (중칭)	あ (원칭)	ど (부정칭)
사물	これ 이것	それ 그것	あれ 저것	どれ 어느 것
장소	ここ 여기	そこ 거기	あそこ 저기	どこ 어디
방향	こちら 이쪽	そちら 그쪽	あちら 저쪽	どちら 어느 쪽
명사 수식	この 이	その 그	あの 저	どの 어느

2 何 / どれ / どちら / どの + ですか

무엇 / 어느 것 / 어느 쪽 / 어느 것(누구) 입니까?

의문사 「何」는 사물의 이름, 「どれ」는 여러 사물 중 어느 것, 「どちら」는 방향이나 두 사물(사람) 중 어느 쪽, 「どの」는 여러 사물(사람) 중 어느 것(누구)인지를 구체적으로 묻는 표현이다.

❶ これは 何ですか。
이것은 무엇입니까?

❷ あなたの 本は どれですか。
당신의 책은 어느 것입니까?

❸ 動物園は どちらですか。
동물원은 어느 쪽입니까?

❹ キムさんは どの 人ですか。
김 씨는 누구입니까?

3 〜は 〜のです　~은 ~의 것입니다

소유 및 출처를 나타내는 표현이다.

❶ **A** この 傘は 誰のですか。
이 우산은 누구 것입니까?

　　B それは 私のです。
그것은 제 것입니다.

❷ **A** あの かばんは 誰のですか。
저 가방은 누구의 것입니까?

　　B あれは イさんのです。
저것은 이씨 것입니다.

❸ **A** その ワインは どこのですか。
그 와인은 어디 것입니까?

　　B これは フランスのです。
이것은 프랑스 제입니다.

4 〜ね　~군요(겠지요)

동의를 구하거나 확인을 할 때 사용하는 종조사이다.

❶ そうですね。
그렇군요.

❷ この 本は イさんのですね。
이 책은 이 씨의 것이지요?

5 　〜よ　~이에요

상대방이 모르는 사실 등을 알려줄 때 쓰는 종조사이다.

❶ 本当<ruby>ほんとう</ruby>ですよ。
진짜예요.

❷ イさんは 私<ruby>わたし</ruby>の 友達<ruby>ともだち</ruby>ですよ。
이 씨는 저의 친구예요.

❸ それは 私<ruby>わたし</ruby>のですよ。
그것은 제 것이에요.

6 　의문사

何 (なん・なに)	무엇, 무슨	これは 何ですか。이것은 무엇입니까? それは 何の 本ですか。그것은 무슨 책입니까?
誰 (だれ)	누구	こちらは 誰ですか。이쪽은 누구입니까? あの 人は 誰ですか。저 사람은 누구입니까?
どこ	어디	家は どこですか。집은 어디입니까? 会社は どこですか。회사는 어디입니까?
どちら	어느 쪽	トイレは どちらですか。화장실은 어느 쪽입니까? お国は どちらですか。고국은 어느 쪽입니까?
いつ	언제	休みは いつですか。휴일은 언제입니까? テストは いつですか。시험은 언제입니까?

연 습 문 제

1 예문과 같이 빈 칸을 채우세요.

예1
(이것 / 누구)   ___これ___ は ___誰___ のですか。

예2
(그것 / 이 씨 / 책)   ___それ___ は イさん の ___本___ です。

1 (저것 / 누구)   _____ は _____ のですか。

2 (저것 / 선생님)   _____ は _____ のです。

3 (그것 / 그녀)   _____ は _____ のですか。

4 (이것 / 이 씨 / 안경)   _____ は _____ の _____ です。

5 (이것 / 그)   _____ は _____ のですか。

6 (그것 / 김 씨 / 가방)   _____ は _____ の _____ です。

② 예문과 같이 빈 칸을 채우세요.

저기는 카페입니다.	<u>あそこ</u> は <u>カフェー</u> です。

① 그쪽은 학교입니다.   _____は _____です。

② 여기는 나의 집입니다.   _____は _____です。

③ 엘리베이터는 이쪽입니다.   _____は _____です。

④ 거기는 교실입니다.   _____は _____です。

⑤ 가게는 저쪽입니다.   _____は _____です。

③ 일본어로 써 보세요.

① 이것은 무엇입니까?

_____ 。

② 이쪽은 다나카 씨입니다.

_____ 。

③ 그것은 제 우산이 아닙니다.

_____ 。

④ 저 사람은 누구입니까?

_____ 。

⑤ 이 책은 친구의 것입니다.

_____ 。

⑥ 그 우산은 누구의 것입니까?

_____ 。

 지시어

		지시사		의문사
	こ	そ	あ	ど
명사 수식	この 이	その 그	あの 저	どの 어느
속성	こんな 이런	そんな 그런	あんな 저런	どんな 어떤
대명사 · 사물	これ(ら) 이것(들)	それ(ら) 그것(들)	あれ(ら) 저것(들)	どれ, なに, なん 어느 것, 무엇, 몇
대명사 · 사람	こいつ 이놈	そいつ 그놈	あいつ 저놈	どいつ, だれ, どなた 어떤 놈, 누구, 어느 분
대명사 · 장소	ここ 여기	そこ 거기	あそこ 저기	どこ 어디
방향	こちら 이쪽	そちら 그쪽	あちら 저쪽	どちら 어느 쪽
방향	こっち 이쪽	そっち 그쪽	あっち 저쪽	どっち 어느 쪽
부사	こう 이렇게	そう 그렇게	ああ 저렇게	どう 어떻게

일본의 성씨(名字)

순위	성씨	인구 수	순위	성씨	인구 수
1위	佐藤 (사토)	약 1,871,000명	11위	吉田 (요시다)	약 829,000명
2위	鈴木 (스즈키)	약 1,797,000명	12위	山田 (야마다)	약 814,000명
3위	高橋 (다카하시)	약 1,411,000명	13위	佐々木 (사사키)	약 673,000명
4위	田中 (다나카)	약 1,335,000명	14위	山口 (야마구치)	약 643,000명
5위	伊藤 (이토)	약 1,074,000명	15위	松本 (마쓰모토)	약 627,000명
6위	渡辺 (와타나베)	약 1,063,000명	16위	井上 (이노우에)	약 614,000명
7위	山本 (야마모토)	약 1,050,000명	17위	木村 (기무라)	약 576,000명
8위	中村 (나카무라)	약 1,044,000명	18위	林 (하야시)	약 545,000명
9위	小林 (고바야시)	약 1,028,000명	19위	斎藤 (사이토)	약 542,000명
10위	加藤 (가토)	약 887,000명	20위	清水 (시미즈)	약 532,000명

(출처 : https://myoji-yurai.net/)

これを 二つ お願いします。

이것을 두 개 부탁합니다.

店員 いらっしゃいませ。

客 あの、すみません。コーヒーは いくらですか。

店員 コーヒーは ３００円です。

客 こちらの パンと ケーキは いくらですか。

店員 パンと ケーキは どちらも ６００円です。

客 パンと ケーキを 一つずつと、

コーヒーを 二つ お願いします。

店員 はい、全部で 1,800円 です。

コーヒーは アイスと ホット、どちらに しますか。

客 二つとも アイスに お願いします。

해석

점원	어서 오세요.
손님	저, 실례합니다. 커피는 얼마인가요?
점원	커피는 300엔입니다.
손님	이쪽의 빵과 케이크는 얼마인가요?
점원	빵과 케이크는 둘 다 600엔입니다.
손님	빵과 케이크를 한 개씩, 커피를 두 개 부탁합니다.
점원	네, 전부해서 1,800엔입니다.
	커피는 아이스와 핫 중 무엇으로 하시겠습니까?
손님	둘 다 아이스로 부탁합니다.

□ 店員（てんいん）	점원	□ お好み焼き（このやき）	오코노미야키
□ いらっしゃいませ	어서 오세요	□ ～ずつ	～씩
□ 客（きゃく）	손(님)	□ 牛丼（ぎゅうどん）	소고기덮밥
□ うどん	우동	□ 冷やし中華（ひやしちゅうか）	냉라면
□ どちらも	양쪽 다	□ 合わせて（あわせて）	합쳐서
□ 全部で（ぜんぶで）	전부해서	□ ホット	핫
□ そば	메밀국수	□ コーヒー	커피
□ 豚カツ（とんカツ）	돈가스	□ パン	빵
□ ～とも	다, 모두	□ アイス	아이스
□ たこ焼き（たこやき）	다코야키	□ コロッケ	크로켓
□ 唐揚げ（からあげ）	가라아게	□ ケーキ	케이크
□ いくら	얼마	□ ラーメン	라면

1 숫자

0	1	2	3	4	5
れい · ゼロ	いち	に	さん	よん·し·よ	ご
	6	7	8	9	10
	ろく	なな·しち	はち	きゅう·く	じゅう

11	じゅういち	100	ひゃく	1,000	せん	10,000	いちまん
20	にじゅう	200	にひゃく	2,000	にせん	20,000	にまん
30	さんじゅう	300	さんびゃく	3,000	さんぜん	30,000	さんまん
40	よんじゅう	400	よんひゃく	4,000	よんせん	40,000	よんまん
50	ごじゅう	500	ごひゃく	5,000	ごせん	50,000	ごまん
60	ろくじゅう	600	ろっぴゃく	6,000	ろくせん	60,000	ろくまん
70	ななじゅう	700	ななひゃく	7,000	ななせん	70,000	ななまん
80	はちじゅう	800	はっぴゃく	8,000	はっせん	80,000	はちまん
90	きゅうじゅう	900	きゅうひゃく	9,000	きゅうせん	90,000	きゅうまん

※ 숫자를 읽을 때 한국은 억 단위부터 '일'을 붙이지만, 일본은 만 단위부터 붙인다.

2 고유수사

하나	둘	셋	넷	다섯	몇(개)
ひとつ	ふたつ	みっつ	よっつ	いつつ	
여섯	일곱	여덟	아홉	열	いくつ
むっつ	ななつ	やっつ	ここのつ	とお	

3 일본의 화폐

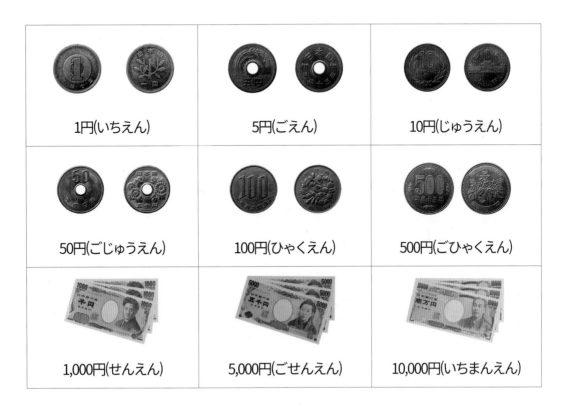

1円(いちえん)	5円(ごえん)	10円(じゅうえん)
50円(ごじゅうえん)	100円(ひゃくえん)	500円(ごひゃくえん)
1,000円(せんえん)	5,000円(ごせんえん)	10,000円(いちまんえん)

4 ~に します ~로 하겠습니다

물건이나 메뉴 등을 보고 선택하거나 결정할 때 사용한다.

❶ これに します。 이것으로 하겠습니다.

❷ アイスに します。 아이스로 하겠습니다.

❸ どれに しますか。 어떤 것으로 하겠습니까?

5 우리말과 비슷한 격조사

~은(는)	~は[wa]	~이(가)	~が
~의 것 / ~의	~の	~을(를)	~を
~도	~も	~와(과/랑)	~と

❶ たこ焼き 一つと コーヒー 一つを お願いします。
다코야키 하나와 커피 하나를 부탁합니다.

❷ 私も たこ焼きと コーヒーを ください。
저도 다코야키와 커피를 주세요.

❸ これ 一つと これ 一つを ください。
이것 한 개와 이것 한 개를 주세요.

❹ これも 一つ お願いします。
이것도 한 개 부탁합니다.

① 그림을 보고 예문과 같이 빈 칸을 채우세요.

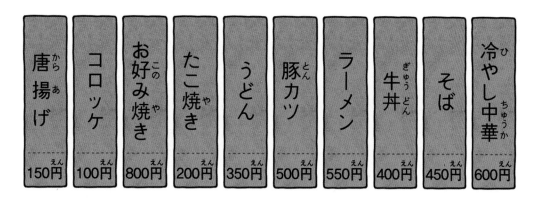

唐揚げ 150円　コロッケ 100円　お好み焼き 800円　たこ焼き 200円　うどん 350円　豚カツ 500円　ラーメン 550円　牛丼 400円　そば 450円　冷やし中華 600円

예 1

Ⓐ 唐揚げは いくらですか。

Ⓑ <u>ひゃくごじゅう</u>円です。

❶ Ⓐ たこ焼きは いくらですか。

Ⓑ ＿＿＿＿＿＿＿＿円です。

❷ Ⓐ ラーメンは いくらですか。

Ⓑ ＿＿＿＿＿＿＿＿円です。

❸ Ⓐ お好み焼きと 豚カツは いくらですか。

Ⓑ お好み焼きは ＿＿＿＿＿＿＿円で、豚カツは ＿＿＿＿＿＿＿円です。

④ Ⓐ そばと 牛丼と 冷やし中華、合わせて いくらですか。

Ⓑ 全部で ＿＿＿＿＿＿＿円です。

例2 牛丼 3개　Ⓐ 牛丼を みっつ お願いします。

Ⓑ 全部で せんにひゃく円です。

---

❶ コロッケ 2개　Ⓐ コロッケを ＿＿＿＿＿＿＿ お願いします。

Ⓑ 全部で ＿＿＿＿＿＿＿円です。

❷ うどん 3개　Ⓐ うどんを ＿＿＿＿＿＿＿ お願いします。

Ⓑ 全部で ＿＿＿＿＿＿＿円です。

❸ 唐揚げ 4개　Ⓐ 唐揚げを ＿＿＿＿＿＿＿ お願いします。

Ⓑ 全部で ＿＿＿＿＿＿＿円です。

❹ たこ焼き 2개　Ⓐ たこ焼きを ＿＿＿＿＿＿＿ お願いします。

Ⓑ 全部で ＿＿＿＿＿＿＿円です。

❷ 예문과 같이 빈 칸을 채우세요.

예
1,225円　<u>せんにひゃくにじゅうご</u>　円

❶ 300円　_____円

❷ 450円　_____円

❸ 890円　_____円

❹ 4,400円　_____円

❺ 6,700円　_____円

❻ 86,000円　_____円

❼ 13,800円　_____円

❽ 39,330円　_____円

❾ 88,490円　_____円

❿ 685,455円　_____円

3 일본어로 써 보세요.

1 우동과 소고기덮밥을 하나씩 주세요.

_____ 。

2 커피는 뜨거운 것 하나, 아이스 하나 부탁드려요.

_____ 。

3 다코야키 10개와 가라아게 5개 주세요.

_____ 。

4 두 개 다 차가운 걸로 부탁드려요.

_____ 。

5 크로켓 1개와 오코노미야키 2개, 합쳐서 얼마인가요?

_____ 。

6 크로켓 1개 200엔, 오코노미야키는 2개 600엔, 전부해서 800엔입니다.

_____ 。

조수사 모음

개(個) こ	いっこ	にこ	さんこ	よんこ	ごこ	なんこ
	ろっこ	ななこ	はっこ	きゅうこ	じゅっこ	
살(歳) さい	いっさい	にさい	さんさい	よんさい	ごさい	なんさい
	ろくさい	ななさい	はっさい	きゅうさい	じゅっさい	
명(人) にん	ひとり	ふたり	さんにん	よにん	ごにん	なんにん
	ろくにん	ななにん しちにん	はちにん	きゅうにん	じゅうにん	
장(枚) まい	いちまい	にまい	さんまい	よんまい	ごまい	なんまい
	ろくまい	ななまい しちまい	はちまい	きゅうまい	じゅうまい	
병(本) ほん	いっぽん	にほん	さんぼん	よんほん	ごほん	なんぼん
	ろっぽん	ななほん	はっぽん	きゅうほん	じゅっぽん	
대(台) だい	いちだい	にだい	さんだい	よんだい	ごだい	なんだい
	ろくだい	ななだい	はちだい	きゅうだい	じゅうだい	
잔(杯) はい	いっぱい	にはい	さんばい	よんはい	ごはい	なんばい
	ろっぱい	ななはい	はっぱい	きゅうはい	じゅっぱい	
마리(匹) ひき	いっぴき	にひき	さんびき	よんひき	ごひき	なんびき
	ろっぴき	ななひき	はっぴき	きゅうひき	じゅっぴき	
권(冊) さつ	いっさつ	にさつ	さんさつ	よんさつ	ごさつ	なんさつ
	ろくさつ	ななさつ	はっさつ	きゅうさつ	じゅっさつ	

お誕生日は 何月 何日ですか。

생일은 몇 월 며칠입니까?

林 もしもし、イさん、来週の 月曜日から 夏休みですね。

イ いいえ、来週の 火曜日の ７月１４日からですよ。

林 あ！火曜日からですか。実は、来週の 日曜日、

田中さんの 誕生日パーティーですが、一緒に 行きませんか。

イ ７月１９日ですか。パーティーは 何時からですか。

林 午後４時半からです。

イ 分かりました。私も ぜひ 参加します。

ところで、林さんの お誕生日は 何月 何日ですか。

林 私の 誕生日は ９月２７日です。

イ そうですか。楽しみですね。

해석

하야시	여보세요. 이 씨, 다음 주 월요일부터 여름방학이죠?
이	아니요, 다음 주 화요일인 7월 14일부터입니다.
하야시	아, 화요일부터입니까? 실은, 다음 주 일요일이 다나카 씨의 생일파티입니다만, 함께 가지 않을래요?
이	7월 19일이요? 파티는 몇 시부터입니까?
하야시	오후 4시 반부터입니다
이	알겠습니다. 저도 꼭 참석할게요. 그런데, 하야시 씨의 생일은 몇 월 며칠입니까?
하야시	제 생일은 9월 27일입니다.
이	그렇습니까? 기대되네요.

□ 誕生日 (たんじょうび)	생일	□ 火曜日 (かようび)	화요일
□ 来週 (らいしゅう)	다음 주	□ 日曜日 (にちようび)	일요일
□ 実は (じつ)	사실은	□ 試験 (しけん)	시험
□ 一緒に (いっしょ)	함께	□ ぜひ	꼭
□ 午後 (ごご)	오후	□ ところで	그런데
□ 参加 (さんか)	참가, 참석	□ お祭り (まつ)	축제
□ 何月何日 (なんがつなんにち)	몇 월 며칠	□ 銀行 (ぎんこう)	은행
□ 連休 (れんきゅう)	연휴	□ 卒業 (そつぎょう)	졸업
□ 楽しみです (たの)	기대됩니다	□ パーティー	파티
□ 夏休み (なつやす)	여름방학	□ デート	데이트
□ 分かる (わ)	알다, 이해하다		

1 때를 나타내는 표현

一昨日 おととい 그저께	昨日 きのう 어제	今日 きょう 오늘	明日 あした 내일	明後日 あさって 모레
先々週 せんせんしゅう 지지난 주	先週 せんしゅう 지난 주	今週 こんしゅう 이번 주	来週 らいしゅう 다음 주	再来週 さらいしゅう 다다음 주
先先月 せんせんげつ 지지난 달	先月 せんげつ 지난 달	今月 こんげつ 이번 달	来月 らいげつ 다음 달	再来月 さらいげつ 다다음 달
一昨年 いっさくねん 재작년	去年 きょねん 작년	今年 ことし 올해	来年 らいねん 내년	再来年 さらいねん 내후년

2 月 (がつ) 월

1月	2月	3月	4月	5月	6月
いちがつ	にがつ	さんがつ	しがつ	ごがつ	ろくがつ
7月	8月	9月	10月	11月	12月
しちがつ	はちがつ	くがつ	じゅうがつ	じゅういちがつ	じゅうにがつ

3 日・曜日 날짜・요일

日曜日 にちようび	月曜日 げつようび	火曜日 かようび	水曜日 すいようび	木曜日 もくようび	金曜日 きんようび	土曜日 どようび
			1日 ついたち	2日 ふつか	3日 みっか	4日 よっか
5日 いつか	6日 むいか	7日 なのか	8日 ようか	9日 ここのか	10日 とおか	11日 じゅういちにち
12日 じゅうににち	13日 じゅうさんにち	14日 じゅうよっか	15日 じゅうごにち	16日 じゅうろくにち	17日 じゅうしちにち	18日 じゅうはちにち
19日 じゅうくにち	20日 はつか	21日 にじゅう いちにち	22日 にじゅう ににち	23日 にじゅう さんにち	24日 にじゅう よっか	25日 にじゅう ごにち
26日 にじゅう ろくにち	27日 にじゅう しちにち	28日 にじゅう はちにち	29日 にじゅう くにち	30日 さんじゅう にち		

4 時間 시간

1時	2時	3時	4時	5時	6時
いちじ	にじ	さんじ	よじ	ごじ	ろくじ
7時	8時	9時	10時	11時	12時
しちじ	はちじ	くじ	じゅうじ	じゅういちじ	じゅうにじ

5 分 분

1分	2分	3分	4分	5分
いっぷん	にふん	さんぷん	よんぷん	ごふん
6分	7分	8分	9分	10分
ろっぷん	ななふん	はっぷん	きゅうふん	じゅっぷん
11分	12分	30分	40分	50分
じゅういっぷん	じゅうにふん	さんじゅっぷん	よんじゅっぷん	ごじゅっぷん

6 시간 표현

정각, 딱	반(30분)	~시간	~개월
ちょうど	半 はん	~時間 じ かん	~ヶ月 か げつ

❶ ちょうど 4時です。
よ じ

정각 4시입니다.

❷ 午前 4時半です。
ご ぜん よ じ はん

오전 4시 반입니다.

❸ 試験は 3時間です。
し けん さん じ かん

시험은 3시간입니다.

❹ 夏休みは 2ヶ月です。
なつやす に か げつ

여름방학은 2개월입니다.

7 ～から ～まで ~부터 ~까지

시간이나 거리 등의 시작과 끝을 나타내는 표현이다.

❶ 試験は 午前１１時から 午後２時までです。
시험은 오전 11시부터 오후 2시까지입니다.

❷ 学校は 午前 ８時半からです。
학교는 오전 8시 반부터입니다.

❸ 銀行は ちょうど ４時までです。
은행은 정각 4시까지입니다.

① 예문과 같이 빈 칸을 채우세요.

예

5시 55분   今は　<u>ごじ ごじゅうごふん</u> です。
いま

① 4시 45분   今は ＿＿＿＿＿＿＿＿＿＿＿＿ です。
いま

② 12시 30분   今は ＿＿＿＿＿＿＿＿＿＿＿＿ です。
いま

③ 7시 50분   今は ＿＿＿＿＿＿＿＿＿＿＿＿ です。
いま

④ 6시 20분   今は ＿＿＿＿＿＿＿＿＿＿＿＿ です。
いま

② 예문과 같이 빈 칸을 채우세요.

예

Ⓐ 今日は 何月 何日 何曜日ですか。[8월 15일(수)]
きょう　なんがつ なんにち なんようび

Ⓑ 今日は <u>はちがつ じゅうごにち すいようび</u> です。
きょう

① Ⓐ 先月は 何月でしたか。[9월]
せんげつ　なんがつ

Ⓑ 先月は _____ でした。
せんげつ

② Ⓐ 明日は 何日 何曜日ですか。[28일(금)]
あした　なんにち なんようび

Ⓑ 明日は _____ です。
あした

③ Ⓐ 昨日は 何日 何曜日でしたか。[20일(목)]
きのう　なんにち なんようび

Ⓑ 昨日は _____ でした。
きのう

④ Ⓐ 来週の 月曜日は 何日ですか。[6일]
らいしゅう　げつようび　なんにち

Ⓑ 来週の 月曜日は _____ です。
らいしゅう　げつようび

③ 예문과 같이 빈 칸을 채우세요.

Ⓐ 誕生日は いつですか。[4월 25일(화)]

Ⓑ 誕生日は <u>しがつ にじゅうごにち かようび</u> です。

❶ Ⓐ デートは 何時から 何時までですか。[1시~7시]

Ⓑ デートは _____ です。

❷ Ⓐ 夏休みは 何月から 何月までですか。[7월~8월]

Ⓑ 夏休みは _____ です。

❸ Ⓐ 連休は いつから いつまでですか。[14일~18일]

Ⓑ 連休は _____ です。

❹ Ⓐ お祭りは 何曜日から 何曜日までですか。[월요일~목요일]

Ⓑ お祭りは _____ です。

4 일본어로 써 보세요.

① 스즈키 씨의 생일은 몇 월 며칠입니까?

_____。

② 제 생일은 9월 29일입니다.

_____。

③ 생일파티는 몇 시부터인가요?

_____。

④ 점심시간은 몇 시부터 몇 시까지인가요?

_____。

⑤ 저는 매주 목요일이 휴일입니다.

_____。

⑥ 저는 내년에 대학을 졸업합니다.

_____。

일본의 연호(年号)

明治(메이지) めいじ	大正(다이쇼) たいしょう	昭和(쇼와) しょうわ	平成(헤이세이) へいせい	令和(레이와) れいわ
1868.10.23~ 1912.07.30	1912.07.30~ 1926.12.25	1926.12.25~ 1989.01.07	1989.01.08~ 2019.04.30	2019.05.01~
43년 291일	14년 152일	64년 14일	30년 120일	

1年	2年	3年	4年	5年	6年
いちねん	にねん	さんねん	よねん	ごねん	ろくねん
7年	8年	9年	10年	100年	1000年
しちねん	はちねん	きゅうねん	じゅうねん	ひゃくねん	せんねん

예 何年生まれですか。
なんねん う

몇 년생입니까?

1991年生まれです。 → 平成３年生まれです。
ねん う　　　　　　　へいせいさんねん う

1991년생입니다.　　　　헤이세이 3년생입니다.

1988年生まれです。 → 昭和６３年生まれです。
ねん う　　　　　　　しょう わ ろくじゅうさんねん う

1988년생입니다.　　　　쇼와 63년생입니다.

일본의 천황제(天皇制)

　천황이라는 칭호를 사용하기 시작한 것은 7세기 말엽으로 그 이전에는 '오키미(大君)'라고 칭했다. 고대에는 권력 투쟁에 의해 혈육 간의 다툼이 끊이질 않았고 자살과 암살, 변사를 당한 천황도 있었다. 중세에는 천황과 귀족 중심의 사회에서 무사 중심의 사회로 전환됨에 따라 천황의 정치적 실권은 크게 약화되고, 메이지 유신 이전까지 종교적인 권위만 유지되었다. 근대에 와서 천황의 지위는 크게 바뀌는데, 메이지 유신을 통해 천황은 절대적 권력을 갖고 신격화된다. 하지만 제2차 세계대전 패전 이후, 미군의 점령하에서 천황은 절대적 권력을 잃고 그저 국민통합의 상징으로서 존재하게 된다. 천황은 1946년 1월 1일 '인간선언'을 통해 스스로 신격(神格)을 부정하고, 군국주의적 천황의 이미지에서 탈피하고자 했다.

　일본의 헌법 제1조에 '천황은 일본의 상징이자 일본 국민통합의 상징'이라고 규정되어 있듯이, 현재는 국민통합의 상징일 뿐 실질적인 통치권과 정치적 권력은 없다고 볼 수 있다. 일본인들의 천황에 대한 의식은 무관심에서 친근감, 존경심을 갖는 것에 이르기까지 다양하게 분포하고 있다.

나루히토 천황과 마사코 황후

황거(일본 도쿄)

アイユーは 歌が とても 上手な 歌手です。

아이유는 노래를 아주 잘하는 가수입니다.

林 ここが イさんの お宅ですか。綺麗で 素敵な 家ですね。

イ ありがとうございます。交通も 便利です。

林 えっ?! この 写真は アイユーでは ありませんか。

　 歌が とても 上手で 女優としても 有名な 人ですよね。

イ はい、アイユーの歌が 大好きです。

　 そして、ファンにも 親切なので、みんな 好きです。

林 アイユーは 日本でも 有名です。

イ そうですか。韓国でも 日本でも 有名ですね。

해석

하야시	여기가 이 씨의 댁입니까? 예쁘고 멋진 집이네요.
이	감사합니다. 교통도 편리합니다.
하야시	앗? 이 사진은 아이유가 아닌가요? 노래를 매우 잘하고 여배우로서도 유명한 사람이잖아요.
이	네, 아이유 노래를 정말 좋아합니다. 그리고 팬들에게도 친절해서 모두가 좋아합니다.
하야시	아이유는 일본에서도 유명합니다.
이	그래요? 한국에서도 일본에서도 유명하네요.

☐ お宅 (たく)	댁	☐ 写真 (しゃしん)	사진
☐ 家 (いえ)	집	☐ 歌 (うた)	노래
☐ 便利だ (べんり)	편리하다	☐ 女優 (じょゆう)	여자배우
☐ 上手だ (じょうず)	능숙하다	☐ 大好きだ (だいす)	매우 좋아하다
☐ 有名だ (ゆうめい)	유명하다	☐ ～ので	～이므로
☐ 親切だ (しんせつ)	친절하다	☐ ～でも	～에서도
☐ みんな	모두	☐ 料理 (りょうり)	요리
☐ きゅうり	오이	☐ 部屋 (へや)	방
☐ 店 (みせ)	가게	☐ 公園 (こうえん)	공원
☐ 人気 (にんき)	인기	☐ 時給 (じきゅう)	시급
☐ 仕事 (しごと)	업무, 일	☐ 危険だ (きけん)	위험하다
☐ 綺麗だ (きれい)	예쁘다	☐ 真面目 (まじめ)	성실하다
☐ 賑やかだ (にぎ)	번화하다	☐ アイユー	아이유
☐ 素敵だ (すてき)	멋지다	☐ スポーツ	스포츠
☐ 交通 (こうつう)	교통	☐ バイト	아르바이트

1 な형용사

기본형	의미	기본형	의미
好<ruby>す</ruby>きだ	좋아하다	賑<ruby>にぎ</ruby>やかだ	번화하다
嫌<ruby>きら</ruby>いだ	싫어하다	便利<ruby>べんり</ruby>だ	편리하다
上手<ruby>じょうず</ruby>だ	잘하다	不便<ruby>ふべん</ruby>だ	불편하다
下手<ruby>へた</ruby>だ	서투르다	簡単<ruby>かんたん</ruby>だ	간단하다
真面目<ruby>まじめ</ruby>だ	성실하다	危険<ruby>きけん</ruby>だ	위험하다
暇<ruby>ひま</ruby>だ	한가하다	変<ruby>へん</ruby>だ	이상하다
親切<ruby>しんせつ</ruby>だ	친절하다	無理<ruby>むり</ruby>だ	무리다
重要<ruby>じゅうよう</ruby>だ	중요하다	立派<ruby>りっぱ</ruby>だ	훌륭하다
静<ruby>しず</ruby>かだ	조용하다	駄目<ruby>だめ</ruby>だ	안 된다
綺麗<ruby>きれい</ruby>だ	깨끗하다, 예쁘다	安全<ruby>あんぜん</ruby>だ	안전하다
元気<ruby>げんき</ruby>だ	건강하다	心配<ruby>しんぱい</ruby>だ	걱정이다
大丈夫<ruby>だいじょうぶ</ruby>だ	괜찮다	素的<ruby>すてき</ruby>だ	멋지다
大変<ruby>たいへん</ruby>だ	큰일이다	ハンサムだ	잘생기다

2. な형용사의 활용

	보통형	정중형
기본형	好<ruby>す</ruby>きだ 좋아한다	好<ruby>す</ruby>きです 좋아합니다
과거형	好<ruby>す</ruby>きだった 좋아했다	好<ruby>す</ruby>きでした 좋아했습니다
부정형	好<ruby>す</ruby>きでは[じゃ] ない 좋아하지 않는다	好<ruby>す</ruby>きでは[じゃ] ありません 好<ruby>す</ruby>きでは[じゃ] ないです 좋아하지 않습니다
과거 부정형	好<ruby>す</ruby>きでは[じゃ] なかった 좋아하지 않았다	好<ruby>す</ruby>きでは[じゃ] ありませんでした 好<ruby>す</ruby>きでは[じゃ] なかったです 좋아하지 않았습니다
명사 수식형	〜な + 명사	綺麗<ruby>きれい</ruby>な 部屋<ruby>へや</ruby> 깨끗한 방 有名<ruby>ゆうめい</ruby>な 店<ruby>みせ</ruby> 유명한 가게
연결형	〜で 〜하고, 〜해서	真面目<ruby>まじめ</ruby>で 성실하고, 성실해서

3 〜が + 好きだ/嫌いだ/上手だ/下手だ/得意だ/苦手だ

~을(를) 좋아하다/싫어하다/능숙하다/서투르다/자신 있다/자신 없다

'〜을(를)'에 해당하는 조사로 「を」가 아닌 「が」를 사용하는 것에 주의한다.

❶ イさんは 日本語が 上手ですね。

이 씨는 일본어를 잘하네요.

❷ 私は 英語が 下手です。

저는 영어가 서툽니다.

❸ お好み焼きが 好きです。

오코노미야키를 좋아합니다.

❹ きゅうりが 嫌いです。

오이를 싫어합니다.

❺ 私は 料理が 得意です。

저는 요리에 자신 있습니다.

❻ 私は スポーツが 苦手です。

저는 스포츠에 자신이 없습니다.

4 ～なので / ～なのに　~이므로, ~이기 때문에 / ~인데

이유나 원인을 나타내는 「ので」와 역접을 나타내는 「のに」가 な형용사와 명사에 접속하면 「～なので」, 「～なのに」가 된다.

	접속 형태	예문
な형용사	어미 だ → な +ので (~하므로)	彼は 真面目なので、みんな 好きです。 그는 성실하므로 모두 좋아합니다. この 公園は 有名なので 人気が あります。 이 공원은 유명해서 인기가 있습니다.
	어미 だ → な +のに (~인데)	あの 人は ハンサムなのに、人気が ないです。 저 사람은 잘생겼는데 인기가 없습니다. バイトの 仕事は 大変なのに、時給は 安いです。 아르바이트 일은 힘든데 시급은 적습니다.

1 예시와 같이 빈 칸을 채우세요.

	보통형	정중형
기본형	<ruby>親切<rt>しんせつ</rt></ruby>だ 친절하다	<ruby>親切<rt>しんせつ</rt></ruby>です
과거형	<ruby>親切<rt>しんせつ</rt></ruby>だった	<ruby>親切<rt>しんせつ</rt></ruby>でした
부정형	<ruby>親切<rt>しんせつ</rt></ruby>では[じゃ] ない	<ruby>親切<rt>しんせつ</rt></ruby>では[じゃ] ありません <ruby>親切<rt>しんせつ</rt></ruby>では[じゃ] ないです
과거부정형	<ruby>親切<rt>しんせつ</rt></ruby>では[じゃ] なかった	<ruby>親切<rt>しんせつ</rt></ruby>では[じゃ] ありませんでした <ruby>親切<rt>しんせつ</rt></ruby>では[じゃ] なかったです
기본형	<ruby>真面目<rt>まじめ</rt></ruby>だ 성실하다	
과거형		
부정형		
과거부정형		
기본형	<ruby>有名<rt>ゆうめい</rt></ruby>だ 유명하다	
과거형		
부정형		
과거부정형		
기본형	<ruby>上手<rt>じょうず</rt></ruby>だ 잘하다	
과거형		
부정형		
과거부정형		

② 예문과 같이 빈 칸을 채우세요.

> **예**
> 元気だ (<u>ので</u>・のに) 大丈夫だ
>
> → <u>元気なので 大丈夫です</u> 。

① 簡単だ (ので・のに) 大変だ

→ _____ 。

② 危険だ (ので・のに) いやだ

→ _____ 。

③ 賑やかだ (ので・のに) 静かだ

→ _____ 。

④ 親切だ (ので・のに) 好きだ

→ _____ 。

3 일본어로 써 보세요.

① 조용하고 근사합니다.

_____。

② 깨끗한 가게입니다.

_____。

③ 친절해서 좋아합니다.

_____。

④ 이 일은 힘들고 위험합니다.

_____。

⑤ 저는 성실한 학생이 아닙니다.

_____。

업그레이드

외래어성 な형용사

クールだ 쿨하다	**シャイだ** 수줍어하다
シンプルだ 심플하다	**デリケートだ** 섬세하다
ハッピーだ 행복하다	**ホットだ** 핫하다
ユニークだ 독특하다	**ラッキーだ** 운이 좋다

명사와 な형용사 차이와 구별하는 Tip

　명사와 な형용사의 활용법은 같다. 가령 「本」과 「親切だ」는 긍정과 부정, 과거, 과거부정의 활용 방법이 모두 같다. 단지, 뒤에 명사가 올 때 「の」를 사용하는지 「な」를 사용하는지의 차이만 있다.

　「親切」는 '친절'로만 사용될 경우 '명사'이지만, 「親切だ」의 경우 '친절하다'와 같이 'な형용사'로 사용된다. 그럼 모든 명사에 「だ」를 붙이면 'な형용사'가 될 수 있을까? 한번 붙여보자. 「本だ」는 '책이다'로 해석하지만, '책하다'라는 의미로 사용될 수 없음을 알 수 있다. 이와 같이 명사에 '~하다'를 붙여서 형용했을 때 표현이 어색하지 않다면 그것은 'な형용사'로 활용될 수 있는 것이다.

6과

韓国で 面白くて 楽しい 所は どこですか。

한국에서 재미있고 즐거운 곳은 어디입니까?

（プサンの キメ空港で）

原 ここが 海が 美しい プサンですね！

日本は 寒くて 天気も 悪かったんですが、プサンは 暖かくて
いい天気ですね。

カン はい、今日は 暖かいですが、昨日は 寒かったです。

原 日本も 同じですよ。

この 前の 京都旅行の時は 大雨で 大変でしたよ。

カン 今回の 旅行は いい天気なので よかったですね。

原 ところで、プサンで 一番 面白くて 楽しい 所は どこですか。

カン ソミョンには 面白くて 楽しい 所が たくさん ありますよ。

それから、安くて 美味しい 店も たくさん あります。

原 いいですね。早く ソミョンに 行きましょう！

해석

（부산 김해공항에서）

하라 여기가 바다가 아름다운 부산이군요. 일본은 춥고 날씨도 안 좋
았습니다만, 부산은 따뜻하고 좋은 날씨네요.

강 네, 오늘은 따뜻합니다만, 어제는 추웠습니다.

하라 일본도 마찬가지예요.

일전에 교토여행을 갔을 때, 비가 많이 와 힘들었어요.

강 이번 여행은 날씨가 좋아서 다행이네요.

하라 그런데, 부산에서 가장 재미있고 즐거운 곳은 어디인가요?

강 서면에는 재미있고 즐거운 곳이 많이 있습니다.

그리고 싸고 맛있는 가게도 많이 있어요.

하라 좋네요. 빨리 서면으로 갑시다!

□ 空港 (くうこう)	공항	□ 同じだ (おな)	같다
□ 天気 (てんき)	날씨	□ 京都 (きょうと)	교토
□ この前 (まえ)	요전에	□ 時 (とき)	때
□ 大雨 (おおあめ)	큰비, 폭우	□ 一番 (いちばん)	가장, 제일
□ 今回 (こんかい)	이번	□ 早く (はや)	일찍, 빨리
□ 所 (ところ)	곳	□ 雨 (あめ)	비
□ かばん	가방	□ 服 (ふく)	옷
□ りんご	사과	□ 会社 (かいしゃ)	회사
□ 新幹線 (しんかんせん)	신칸센	□ 沖縄 (おきなわ)	오키나와
□ 値段 (ねだん)	가격	□ 性格 (せいかく)	성격
□ 給料 (きゅうりょう)	급여, 월급	□ ステーキ	스테이크
□ 札幌 (さっぽろ)	삿포로	□ レストラン	레스토랑
□ 海 (うみ)	바다	□ デザイン	디자인
□ 最近 (さいきん)	최근		

1 い형용사

기본형	의미	기본형	의미
美味しい	맛있다	軽い	가볍다
新しい	새롭다	面白い	재미있다
暑い	덥다	明るい	밝다
寒い	춥다	可愛い	귀엽다
高い	높다, 비싸다	汚い	지저분하다
低い	낮다	広い	넓다
大きい	크다	狭い	좁다
小さい	작다	楽しい	즐겁다
多い	많다	近い	가깝다
少ない	적다	遠い	멀다
涼しい	선선하다	強い	강하다
甘い	달다	弱い	약하다
痛い	아프다	忙しい	바쁘다
うるさい	시끄럽다	長い	길다
遅い	늦다	短い	짧다
速い	빠르다	難しい	어렵다
重い	무겁다	悪い	나쁘다

2 い형용사의 활용

	보통형	정중형
기본형	美味しい 맛있다	美味しいです 맛있습니다
과거형	美味しかった 맛있었다	美味しかったです 맛있었습니다
부정형	美味しく ない 맛있지 않다	美味しく ありません 美味しく ないです 맛있지 않습니다
과거부정형	美味しく なかった 맛있지 않았다	美味しく ありませんでした 美味しく なかったです 맛있지 않았습니다
명사수식형	기본형 + 명사	優しい 人 상냥한 사람 美味しい りんご 맛있는 사과
연결형	어미 い → くて ~고, ~서	面白くて 재미있고, 재미있어서 嬉しくて 기쁘고, 기뻐서

※ 예외

	いい (좋다)	よい (좋다)
기본형	いい	よい
과거형	いかった (×)	よかった
부정형	いくない (×)	よくない
과거부정형	いくなかった (×)	よくなかった

3 ~ので / ~のに ~이므로, ~이기 때문에 / ~인데

이유나 원인을 나타내는 「ので」와 역접을 나타내는 「のに」가 い형용사에 접속할 때에는 기본형에 바로 접속한다.

	접속 형태	예문
い형용사	기본형 + ので ~이므로	学校が 近いので、いいです。 학교가 가까워서 좋습니다. この かばんは 小さいので、軽いです。 이 가방은 작아서 가볍습니다.
	기본형 + のに ~인데(도)	昨日は 天気が 良かったのに、今日は 雨です。 어제는 날씨가 좋았는데 오늘은 비가 옵니다. 韓国の キムチは 辛いのに 美味しいです。 한국김치는 매운데도 맛있습니다.

단어 キムチ 김치

4 〜が[けど]・〜ですが[ですけど] ～이지만 ・ ～입니다만

역접이나 전제, 대비 등을 나타내는 표현이다.

❶ 韓国料理は 辛いけど、美味しいです。

한국요리는 맵지만 맛있습니다.

❷ 新しい ケータイは いいが、高いです。

새 휴대전화는 좋지만 비쌉니다.

❸ 今 私は 公園ですが、あなたは どこですか。

지금 저는 공원입니다만, 당신은 어디입니까?

❹ 下手ですけど、ピアノを 引くのは 楽しいです。

서툽니다만 피아노를 치는 것은 즐겁습니다.

❺ この かばんは 大きいけど、軽いです。

이 가방은 크지만 가볍습니다.

❻ 田中さんは 背が 高いですが、山田さんは 背が 低いです。

다나카 씨는 키가 큽니다만, 야마다 씨는 키가 작습니다.

단어 ピアノを 引く 피아노를 치다 | 背 키

연 습 문 제

1 예시와 같이 빈 칸을 채우세요.

	보통형	정중형
기본형	寒い 춥다	寒いです
과거형	寒かった	寒かったです
부정형	寒く ない	寒く ありません / 寒く ないです
과거부정형	寒く なかった	寒く ありませんでした / 寒く なかったです
기본형	高い 비싸다	
과거형		
부정형		
과거부정형		
기본형	優しい 상냥하다	
과거형		
부정형		
과거부정형		
기본형	可愛い 귀엽다	
과거형		
부정형		
과거부정형		

② 예문과 같이 알맞은 것을 고르세요.

예
この 服は デザインが いい (ので ・ (のに)) 人気が ないです。

① この レストランは 美味しい (ので ・ のに) 人が 多いです。

② 新幹線は 速い (ので ・ のに) 高いです。

③ この ステーキは 高い (ので ・ のに) 美味しくないです。

④ この 会社は 給料が 安い (ので ・ のに) 仕事が 多いです。

⑤ この スマホは デザインは 古い (ので ・ のに) 値段が 高いです。

⑥ 彼は 性格が 明るい (ので ・ のに) クラスで 人気が あります。

単語 スマホ 스마트 폰 | クラス 학급, 반 | 古い 낡다, 오래되다

③ 일본어로 써 보세요.

① 이 식당은 싸고 맛있습니다.

_____ 。

② 오키나와는 덥지만 삿포로는 춥습니다.

_____ 。

③ 이것은 맛있는 사과입니다.

_____ 。

④ 일본어 선생님은 상냥하고 재미있습니다.

_____ 。

⑤ 낮은 덥지만 밤은 춥습니다.

_____ 。

일본의 기후

    일본은 국토가 남북으로 길게 늘어져 있어 지역마다 기후의 차이가 크다. 북쪽에 위치한 홋카이도(北海道)는 아한대 및 냉대 기후를 보이고, 일본 열도의 최남단에 위치한 섬인 오키나와(沖縄)는 아열대성 기후의 특징을 보인다. 한편 혼슈(本州) 지역은 한국과 마찬가지로 온대 몬순 기후에 속한다. 사계절이 뚜렷하고 계절풍의 영향을 받으며, 한국보다는 전반적으로 습도가 높다는 특징이 있다.

    혼슈 지역은 중앙부의 산지를 중심으로 동해 쪽과 태평양 쪽의 기후 차이가 크다. 동해 쪽은 세계에서도 드물게 겨울에 눈이 많이 내리고, 여름은 비교적 맑은 날이 많다. 한편 태평양 쪽은 여름에 비가 많이 내리고 겨울에 건조한 바람이 불며 맑고 쌀쌀한 날이 많다.

トイレは どこに ありますか。

화장실은 어디에 있습니까?

きゃく
客 すみません、スポーツ用品は 何階ですか。

じゅうぎょういん
従業員 5階です。

きゃく
客 ありがとうございます。エレベーターは どちらですか。

じゅうぎょういん
従業員 エレベーターは 右の 方に あります。

きゃく
客 ここに レストラン街も ありますか。

じゅうぎょういん
従業員 すみません。レストラン街は ありませんが、

地下 1階に スナックコーナーが あります。

きゃく
客 では、スナックコーナーには 何が ありますか。

じゅうぎょういん
従業員 サンドイッチや ハンバーガーや そばなどが あります。

きゃく
客 そうですか。ありがとうございます。

해석

손님	실례합니다. 스포츠 용품은 몇 층입니까?
종업원	5층입니다.
손님	감사합니다. 엘리베이터는 어느 쪽입니까?
종업원	엘리베이터는 오른쪽에 있습니다.
손님	이곳에 식당가도 있습니까?
종업원	죄송합니다. 식당가는 없습니다만, 지하 1층에 스낵코너가 있습니다.
손님	그럼 스낵코너에는 무엇이 있나요?
종업원	샌드위치와 햄버거, 메밀국수 등이 있습니다.
손님	그렇습니까? 감사합니다.

☐ 何階 (なんがい)	몇 층	☐ 財布 (さいふ)	지갑
☐ 右 (みぎ)	오른쪽	☐ 時計 (とけい)	시계
☐ 会議室 (かいぎしつ)	회의실	☐ 食堂 (しょくどう)	식당
☐ 机 (つくえ)	책상	☐ お服屋 (ふくや)	옷가게
☐ 駅 (えき)	역	☐ 中学生 (ちゅうがくせい)	중학생
☐ 猫 (ねこ)	고양이	☐ レストラン街 (がい)	식당가
☐ ～や～や～など	～랑～랑～등(따위)	☐ バス停 (てい)	버스정류장
☐ 商店街 (しょうてんがい)	상점가	☐ バス	버스
☐ 高校生 (こうこうせい)	고등학생	☐ スナック	스낵
☐ 用品 (ようひん)	용품	☐ コーナー	코너
☐ 方 (ほう)	쪽, 편	☐ ハンバーガー	햄버거
☐ 地下 (ちか)	지하	☐ サンドイッチ	샌드위치
☐ 銀行 (ぎんこう)	은행	☐ チケット	티켓
☐ 教室 (きょうしつ)	교실	☐ テーブル	테이블
☐ 部屋 (へや)	방		

1 ～は どこですか　~은(는) 어디입니까?

「どこ」는 구체적인 장소를 묻는 의문사이다.

❶ トイレは どこですか。
화장실은 어디입니까?

❷ 会議室は どこですか。
회의실은 어디입니까?

❸ パクさんは どこですか。
박 씨는 어디입니까?

❹ 銀行は どこですか。
은행은 어디입니까?

2 위치를 나타내는 말

위	上	앞	前	오른쪽	右
아래	下	뒤	後	왼쪽	左
안	中	옆	横・側	이웃	隣
사이	間	가까이	近く	맞은편	向こう

3 〜は〜に あります[ありますか] ~은(는) ~에 있습니다(있습니까?)

존재를 나타내는 표현으로, 사물처럼 스스로 움직일 수 없는 것에는 「ある」를 쓴다.

❶ 食堂は どこに ありますか。 식당은 어디에 있습니까?

❷ 本屋は 3階に あります。 서점은 3층에 있습니다.

❸ かばんは 机の上に あります。
가방은 책상 위에 있습니다.

❹ バス停は 駅の前に あります。
버스정류장은 역 앞에 있습니다.

4 〜は〜に います[いますか] ~은(는) ~에 있습니다(있습니까?)

존재를 나타내는 표현으로, 사람이나 동물과 같이 스스로 움직일 수 있는 것에는 「いる」를 쓴다.

❶ 先生は どこに いますか。 선생님은 어디에 있습니까?

❷ 山田さんは 教室に います。 야마다 씨는 교실에 있습니다.

❸ 猫は 部屋の中に います。
고양이는 방 안에 있습니다.

❹ イさんの 隣に パクさんが います。
이 씨 옆에 박 씨가 있습니다.

5 ~や ~や ~など ~랑 ~랑 ~등(따위)

여러 가지 중에서 몇 가지만 열거할 때 쓰는 표현이다.

❶ かばんの 中
なか
に 本
ほん
や ノートや 財布
さいふ
などが あります。

가방 안에 책이랑 노트랑 지갑 등이 있습니다.

❷ 机
つくえ
の 上
うえ
に 時計
とけい
や 家族写真
かぞくしゃしん
などが あります。

책상 위에 시계랑 가족사진 등이 있습니다.

❸ 駅前
えきまえ
の 商店街
しょうてんがい
には 食堂
しょくどう
や お服屋
ふくや
や カフェーなどが あります。

역 앞 상점가에는 식당이랑 옷가게랑 카페 등이 있습니다.

❹ バスは 中学生
ちゅうがくせい
や 高校生
こうこうせい
で いっぱいでした。

버스는 중학생이랑 고등학생으로 만원이었습니다.

단어 いっぱいだ 가득하다

연습문제

1 예문과 같이 빈 칸을 채우세요.

예
トイレ / あそこ

Ⓐ トイレは どこに ありますか。

Ⓑ あそこに あります。

❶ 売店 / 一階

Ⓐ _____ 。

Ⓑ _____ 。

❷ キムさん / 自習室

Ⓐ _____ 。

Ⓑ _____ 。

❸ パン屋 / 本屋と 花屋の 間

Ⓐ _____ 。

Ⓑ _____ 。

❹ 先生 / 教室

Ⓐ _____ 。

Ⓑ _____ 。

단어 売店 매점 | 自習室 자습실 | パン屋 빵집 | 本屋 서점 | 花屋 꽃집

2 그림을 보고 예문과 같이 빈 칸을 채우세요.

예

A ケータイは どこに ＿＿ありますか＿＿ 。

B ケータイは ＿＿つくえの 下^{した}に あります＿＿ 。

①

A お母^{かあ}さんは どこに ＿＿＿＿＿＿＿＿ 。

B お母^{かあ}さんは ＿＿＿＿＿＿＿＿＿＿＿＿＿ 。

②

A 本^{ほん}は どこに ＿＿＿＿＿＿＿＿ 。

B 本^{ほん}は ＿＿＿＿＿＿＿＿＿＿＿＿＿＿ 。

③

A お姉^{ねえ}さんは どこに＿＿＿＿＿＿ 。

B お姉^{ねえ}さんは ＿＿＿＿＿＿＿＿＿＿＿＿ 。

④

A かばんは どこに ＿＿＿＿＿＿＿ 。

B かばんは ＿＿＿＿＿＿＿＿＿＿＿＿＿＿＿ 。

③ 그림을 보고 예문과 같이 빈 칸을 채우세요.

예
とけい
A 時計は どこに ありますか。

うえ
B テーブルの 上に あります。

❶

A ボールペンは どこに ありますか。

B _____。

❷

すず き
A 鈴木さんは どこに いますか。

B _____。

❸

いぬ
A 犬は どこに いますか。

B _____。

❹

やっきょく
A 薬局は どこに ありますか。

B _____。

단어　ボールペン 볼펜 ｜ 犬（いぬ）개 ｜ ソファー 소파 ｜ 薬局（やっきょく）약국 ｜ 病院（びょういん）병원 ｜ 郵便局（ゆうびんきょく）우체국

④ 일본어로 써 보세요.

① 테이블 위에 사과가 3개 있습니다.

_____。

② 교실에 학생이 5명 있습니다.

_____。

③ 상자 속에 고양이가 3마리 있습니다.

_____。

④ 책장에 일본어 사전이 2권 있습니다.

_____。

⑤ 사무실에 아무도 없습니다.

_____。

단어 箱(はこ) 상자 | 本棚(ほんだな) 책장 | 辞書(じしょ) 사전 | 事務室(じむしつ) 사무실

일본의 자연재해

    일본은 환태평양 지진대에 속하기 때문에 화산활동과 지진이 자주 발생하는 나라이다. 일본에서 지진은 일상적으로 일어나고 있다고 할 정도로 빈번하다.

    1923년에 발생한 관동 대지진은 도쿄도(東京都)와 가나가와현(神奈川県), 치바현(千葉県) 등 간토지방(関東地方)에 큰 피해를 가져왔고 14만 명에 가까운 사망자가 발생했다. 1995년에는 한신·아와지 대지진(阪神·淡路大地震)이 발생하여 사망자만 6천 5백여 명에 달했고, 2004년에 발생한 니가타현(新潟県) 주에쓰 지진(中越地震)의 경우 사망자가 68명이 발생했다. 2011년에 발생한 동일본 대지진(東日本大地震)의 경우, 동북지방을 중심으로 12도도부현(都道府県)에서 2만 2천 명이 넘는 사망자와 실종자가 발생했다.

    특히 한신·아와지 대지진은, 지진에 대한 경각심을 불러 일으켜 일본 정부와 지방자치단체가 지진에 대한 방재대책을 강화하는 계기가 되었다.

2011년 동일본 대지진 당시의 모습

何人家族ですか。

가족이 몇 명인가요?

チェ 渡辺さんの スマホの ホーム画面、家族写真ですか。

渡辺 はい、そうです。右は 母で、左は 父です。

チェ お父さんと お母さんは とても 若いですね。

渡辺さんの 右の 方は お姉さんですか。

渡辺 いいえ、右は 姉じゃ ないです。妹です。

チェ あ、そうですか。では、4人家族ですね。

渡辺 いいえ、5人家族です。

この 写真には いませんが、双子の 兄が います。

チェ そうですか。兄弟が 多くて 羨ましいですね。

해석

최	와타나베 씨 스마트 폰의 홈 화면, 가족사진입니까?
와타나베	네, 그렇습니다. 오른쪽은 어머니이고, 왼쪽은 아버지입니다.
최	아버님과 어머님은 매우 젊으시군요. 와타나베 씨의 오른쪽 분은 누님인가요?
와타나베	아니요, 오른쪽은 누나가 아닙니다. 여동생입니다.
최	아, 그렇습니까? 그럼 가족이 넷이네요.
와타나베	아니요, 가족은 다섯입니다. 이 사진에는 없습니다만, 쌍둥이 형이 있습니다.
최	그렇습니까? 형제가 많아서 부러워요.

□ ご家族 （かぞく）	(남의) 가족	□ 小学生 （しょうがくせい）	초등학생
□ 画面 （がめん）	화면	□ 方 （かた）	분
□ 父 （ちち）	(나의) 아버지	□ お姉さん （ねえ）	(남의) 누나, 언니
□ お父さん （とう）	(남의) 아버지	□ 姉 （あね）	(나의) 누나, 언니
□ 母 （はは）	(나의) 어머니	□ 兄 （あに）	(나의) 형, 오빠
□ お母さん （かあ）	(남의) 어머니	□ 兄弟 （きょうだい）	형제
□ 妹 （いもうと）	여동생	□ 年生 （ねんせい）	학년
□ 双子 （ふたご）	쌍둥이	□ 田舎 （いなか）	시골
□ 高校 （こうこう）	고등학교	□ 〜好き （ず）	〜을 좋아함
□ 何人 （なんにん）	몇 명	□ ソウル	서울
□ 羨ましい （うらや）	부럽다	□ ホーム	홈
□ 絵 （え）	그림	□ サッカー	축구

1 가족 호칭

	나의 가족	남의 가족
가족	家族 かぞく	ご家族 かぞく
할아버지	祖父 そ ふ	※お祖父さん じ い
할머니	祖母 そ ぼ	※お祖母さん ば あ
부모	両親 りょうしん	ご両親 りょうしん
아버지	父 ちち	※お父さん とう
어머니	母 はは	※お母さん かあ
남편	主人・夫 しゅじん おっと	ご主人 しゅじん
아내	家内・妻 か ない つま	奥さん・奥様 おく おくさま
형・오빠	兄 あに	※お兄さん にい
언니・누나	姉 あね	※お姉さん ねえ
남동생	弟 おとうと	弟さん おとうと
여동생	妹 いもうと	妹さん いもうと
아이	子供 こ ども	お子さん・子供さん こ こ ども
아들	息子 むす こ	息子さん むす こ
딸	娘 むすめ	娘さん・お嬢さん むすめ じょう

※ : 나의 가족을 직접 부를 때에도 사용한다.

2 ご家族は何人ですか　가족은 몇 명입니까?

가족 수나 가족 구성원을 묻는 표현이다.

❶ 私は 4人家族です。両親と 姉と 私です。

저는 가족이 네 명입니다. 부모님과 언니와 저입니다.

❷ 私の 家族は 父と 母と 私の 3人です。

저의 가족은 아버지와 어머니와 저 이렇게 세 명입니다.

❸ 私は 3人兄弟です。

저는 삼형제입니다.

❹ 私の 兄は 会社員です。ソウルに います。

저의 형은 회사원입니다. 서울에 있습니다.

❺ 妹は 高校 1年生です。

여동생은 고등학교 1학년입니다.

연습문제

1 예문과 같이 빈 칸을 채우세요.

> **예**
> りょうしん　いもうと　わたし
> 両親・妹・私
>
> わたし　　りょうしん　いもうと　わたし　よにんかぞく
> → 私は 両親と 妹と 私の 4人家族です。

❶
そ ぼ　ちち　はは　あに　わたし
祖母・父・母・兄・私

→ ＿＿＿＿＿＿＿＿＿＿＿＿＿＿＿＿＿＿＿＿＿＿。

❷
ちち　あね　ふたり　おとうと　わたし
父・姉・二人の弟・私

→ ＿＿＿＿＿＿＿＿＿＿＿＿＿＿＿＿＿＿＿＿＿＿。

❸
りょうしん　わたし
両親・私

→ ＿＿＿＿＿＿＿＿＿＿＿＿＿＿＿＿＿＿＿＿＿＿。

❹
ちち　はは　わたし
父・母・私

→ ＿＿＿＿＿＿＿＿＿＿＿＿＿＿＿＿＿＿＿＿＿＿。

② 예문과 같이 빈 칸을 채우세요.

> **예**
> 兄・会社員・アメリカ
>
> → 兄は 会社員で、アメリカに います。

① 両親・田舎

→ _____ 。

② 姉・大学生・ソウル

→ _____ 。

③ 妹・中学生・絵が 上手

→ _____ 。

④ 弟・小学生・サッカー 好き

→ _____ 。

③ 일본어로 써 보세요.

① 가족은 몇 명입니까?

_____。

② 저의 가족은 할머니와 부모님과 남동생과 저 이렇게 5명입니다.

_____。

③ 형은 영어 선생님이며 서울에 있습니다.

_____。

④ 부모님은 고양이와 함께 시골에 있습니다.

_____。

⑤ 저는 회사원이며 남동생은 고등학생입니다.

_____。

1 나이 묻기

🔵 何歳ですか。/ おいくつですか。

몇 살입니까?

二十歳です。

20살입니다.

20살	にじゅっさい ×
	はたち ○

※ 일본은 만 나이를 사용하며, 동급생이라도 나이가 다를 수 있다.

2 인원 수 묻기

🔵 何人ですか。/ 何名様ですか。

몇 명(분)입니까?

二人です。

두 명입니다.

3 학년 묻기

🔵 何年生ですか。

몇 학년입니까?

高校[大学]３年生です。

고등학교(대학교) 3학년입니다.

4 전화번호 묻기

🔵 電話番号は 何番ですか。

전화번호는 몇 번입니까?

０１０－２３４５－６７８９です。

010－2345－6789입니다.

9과

週末は 何を しますか。
しゅうまつ　　　なに

주말에는 무엇을 합니까?

イ 明日、週末ですね。
あした しゅうまつ

林 そうですね。家で のんびり できますね。
はやし いえ

イさんは 週末 何を しますか。
しゅうまつ なに

イ 家族に 会いに 実家へ 帰ります。林さんは 週末 何を しますか。
かぞく あ じっか かえ はやし しゅうまつ なに

林 たいてい 家に います。イさんは 実家で 何を しますか。
はやし いえ じっか なに

イ 私も 母の 手料理を 食べながら、家で のんびりします。
わたし はは てりょうり た いえ

林 いいですね。羨ましいです。
はやし うらや

イ 今度、一緒に どうですか。
こんど いっしょ

林 本当ですか。ぜひ 行きたいです。
はやし ほんとう い

イ 家族を 紹介しますので、楽しみに。
かぞく しょうかい たの

해석

이	내일 주말이네요.
하야시	그러네요. 집에서 빈둥거릴 수 있겠어요.
	이 씨는 주말에 뭘 하시나요?
이	가족을 만나러 본가에 갑니다. 하야시 씨는 주말에 뭘 하나요?
하야시	대개 집에 있습니다. 이 씨는 본가에서 뭘 하나요?
이	저도 어머니가 해 주시는 요리를 먹으면서 집에서 빈둥거립니다.
하야시	좋겠네요. 부럽습니다.
이	이번에 함께 가실래요?
하야시	정말요? 꼭 가고 싶습니다.
이	가족을 소개해 드릴테니 기대하세요.

□ 週末 しゅうまつ	주말	□ 登る のぼ	(산에) 오르다
□ のんびり	한가롭게	□ 会いに あ	만나러
□ 実家 じっか	본가, 친정	□ たいてい	대개
□ 帰る かえ	돌아가다	□ 手料理 て りょう り	손수 만든 요리
□ 今度 こん ど	이번	□ ぜひ	꼭
□ 行きたい い	가고 싶다	□ 紹介 しょうかい	소개
□ 楽しみに たの	기대하세요	□ ゆっくり	푹
□ 取りに と	가지러	□ 喫茶店 きっ さ てん	찻집
□ 休みの日 やす ひ	쉬는 날	□ 係りの者 かか もの	담당자
□ 社員食堂 しゃいんしょくどう	사원식당	□ 船 ふね	배
□ 身分証明書 み ぶんしょうめいしょ	신분증	□ 豪華遊覧船 ごう か ゆうらんせん	호화 유람선
□ 世界旅行 せ かいりょこう	세계여행	□ 答え こた	답
□ 箸 はし	젓가락	□ 庭 にわ	마당
□ お酒 さけ	술	□ ジュース	주스
□ 歩く ある	걷다	□ スプーン	스푼

1 동사

기본형	의미	기본형	의미
手を 洗う	손을 씻다	シャワーを 浴びる	샤워를 하다
家事を 手伝う	집안일을 돕다	朝[昼/晩]ご飯を 食べる	아침(점심/저녁)을 먹다
歯を 磨く	이를 닦다	10時に 寝る	10시에 자다
学校に 行く	학교에 가다	学校に 来る	학교에 오다
友達と 話す	친구와 이야기하다	食事を する	식사를 하다
バスを 待つ	버스를 기다리다	日本語を 勉強する	일본어를 공부하다
タクシーを 呼ぶ	택시를 부르다	運動を する	운동을 하다
本を 読む	책을 읽다	家へ 帰る	집으로 돌아가다
家で 休む	집에서 쉬다	テレビを 見る	텔레비전을 보다
ジュース[お茶]を 飲む	주스(차)를 마시다	部屋に 入る	방에 들어가다
仕事が 終わる	업무가 끝나다	野菜を 切る	채소를 썰다(자르다)
プレゼントを 送る	선물을 보내다	授業が 始まる	수업이 시작되다
7時に 起きる	7시에 일어나다	服を 着る	옷을 입다

2 동사의 종류

1 그룹	기본형의 어미가 「う・く・ぐ・す・つ・ぬ・ぶ・む・る」인 동사 買う, 書く, 泳ぐ, 話す, 待つ, 死ぬ, 呼ぶ, 飲む, 終わる
2 그룹	기본형의 어미가 「る」인 동사 중 「る」 앞에 「い단・え단」이 오는 동사 起きる, 見る, 食べる, 寝る, 覚える **예외** 帰る, 入る, 知る, 切る, 走る, 減る, 要る 등 〈1그룹〉
3 그룹	来る する 来る, 勉強する, 運動する, 買い物する

3 동사의 활용

❶ 동사의 ます형 ～합니다

동사의 공손한 표현이며 부정형은 「ません」이다.

1 그룹	어미 「う」단 → 「い」단 + ます
	買う → 買います, 書く → 書きます, 泳ぐ → 泳ぎます, 話す → 話します, 待つ → 待ちます, 死ぬ → 死にます, 呼ぶ → 呼びます, 飲む → 飲みます, 終わる → 終わります
2 그룹	어미 る → ます
	起きる → 起きます, 見る → 見ます, 食べる → 食べます, 寝る → 寝ます, 覚える → 覚えます
3 그룹	来る → 来ます する → します
	来る → 来ます 勉強する → 勉強します, 運動する → 運動します, 買い物する → 買い物します

❷ ～ますか ～합니까 / **～ます** ～합니다 / **～ません** ～지 않습니다

❶ Ⓐ お酒を 飲みますか。
술을 마십니까?

Ⓑ はい、飲みます。
네, 마십니다.

❷ Ⓐ 家族と よく 話しますか。
가족과 자주 대화합니까?

Ⓑ はい、よく 話します。
네, 자주 대화합니다.

❸ Ⓐ 明日、会社に 行きますか。
내일 회사에 갑니까?

Ⓑ いいえ、行きません。
아니요, 가지 않습니다.

❹ Ⓐ 毎朝、何時に 起きますか。
매일 아침 몇 시에 일어납니까?

Ⓑ 7時に 起きます。
7시에 일어납니다.

❸ 동사 ます형＋に ~하러

동작동사의 ます형과 동작명사에 조사 「に」를 접속하여 '~하러'라는 행위의 목적을 나타내며, 뒤에 주로 「行く, 来る, 帰る, 戻る」가 온다.

❶ 友達と 遊びに 行きます。
친구와 놀러 갑니다.

❷ 図書館に 勉強(し)に 行きます。
도서관에 공부하러 갑니다.

❸ 家に ノートを 取りに 帰ります。
집에 노트를 가지러 갑니다.

❹ 明日、お客さんが 父に 会いに 来ます。
내일 손님이 아버지를 만나러 옵니다.

❹ 동사 ます형＋ながら ~하면서

동시에 두 동작을 한다는 표현이다.

❶ 音楽を 聞きながら 運動を します。
음악을 들으면서 운동을 합니다.

❷ コーヒーを 飲みながら 新聞を 読みます。
커피를 마시면서 신문을 읽습니다.

❸ テレビを 見ながら 食事を します。
TV를 보면서 식사를 합니다.

❹ 友達と 話しながら 歩きます。
친구와 이야기하면서 걷습니다.

⑤ 동사 ます형 + たい ～하고 싶다

'하고 싶다'라는 희망을 나타내는 표현이다. 제3자의 경우에는 「ます형+たがる」로 표현한다.

❶ 私は 夏休みに 日本へ 行きたいです。

저는 여름방학에 일본에 가고 싶습니다.

❷ 週末、父と 山に 登りたいです。

주말에 아버지와 산에 가고 싶습니다.

❸ 高校の 友達に 会いたいです。

고등학교 친구를 만나고 싶습니다.

❹ 休みの日は 家で ゆっくり 休みたいです。

휴일은 집에서 푹 쉬고 싶습니다.

4 조사의 활용

❶ ～を ～을(를)

'구체적으로 ～을'이라는 목적을 나타내는 조사이다.

❶ 何を しますか。 무엇을 합니까?

❷ 音楽を 聞きます。 음악을 듣습니다.

❸ 授業を 受けます。 수업을 듣습니다.

❹ 映画を 見ます。 영화를 봅니다.

❷ ～へ ~으로

구체적인 방향을 나타내는 조사이다.

> ❶ 私は 午後 6時に 日本語学校へ 来ます。
>
> 저는 오후 6시에 일본어학교로 옵니다.
>
> ❷ 明日、図書館へ 行きます。
>
> 내일 도서관으로 갑니다.
>
> ❸ 日曜日に 公園へ 行きます。
>
> 일요일에 공원으로 갑니다.
>
> ❹ 6時まで 会社へ 戻ります。
>
> 6시까지 회사로 돌아갑니다.

❸ 대상 + に ~에게

구체적인 대상을 나타내는 조사이다.

> ❶ 私は 友達に プレゼントを あげます。
>
> 저는 친구에게 선물을 줍니다.
>
> ❷ 私は 田舎の 両親に 電話を かけます。
>
> 저는 시골에 계신 부모님께 전화를 겁니다.
>
> ❸ 私は 子供に 簡単な 料理を 教えます。
>
> 저는 아이에게 간단한 요리를 가르쳐줍니다.
>
> ❹ 係りの者に 身分証明書を 見せます。
>
> 담당자에게 신분증을 보여줍니다.

❹ 장소 + で ~에서

동작이 행해지는 구체적인 장소를 나타낸다.

> **❶ 社員食堂で 昼ご飯を 食べます。**
>
> 사원식당에서 점심을 먹습니다.
>
> **❷ 喫茶店で ジュースを 飲みます。**
>
> 찻집에서 주스를 마십니다.
>
> **❸ 庭で 写真を 撮ります。**
>
> 마당에서 사진을 찍습니다.
>
> **❹ 駅の前で 友達を 待ちます。**
>
> 역 앞에서 친구를 기다립니다.

❺ 교통수단 + で ~으로

구체적인 교통수단을 이용할 때 쓰는 표현이다.

> **❶ 私は 学校へ 電車で 来ます。**
>
> 저는 학교에 전철로 옵니다.
>
> **❷ 私は KTXで ソウルへ 行きます。**
>
> 저는 KTX로 서울에 갑니다.
>
> **❸ 去年、船で 沖縄へ 行きました。**
>
> 작년에 배로 오키나와에 갔습니다.
>
> **❹ 豪華遊覧船で 世界旅行が したいです。**
>
> 호화 유람선으로 세계여행을 하고 싶습니다.

❻ ～で ～으로

구체적인 수단과 방법을 나타낸다.

❶ Ⓐ 韓国人は 何で ご飯を 食べますか。

한국인은 무엇으로 밥을 먹습니까?

Ⓑ スプーンと 箸で 食べます。

숟가락과 젓가락으로 먹습니다.

❷ Ⓐ 先生、答えは 何で 書きますか。

선생님, 답은 무엇으로 씁니까?

Ⓑ ボールペンで 書きます。

볼펜으로 씁니다.

❸ Ⓐ 漢字の 読み方が 分かりません。どうしますか。

한자 읽는 법을 모르겠습니다. 어떡하죠?

Ⓑ 辞書で 調べます。

사전을 찾습니다.

❹ Ⓐ 「축하해」は 日本語で 何ですか。

'축하해'는 일본어로 무엇입니까?

Ⓑ 「おめでとう」です。

'おめでとう'입니다.

단어 漢字 한자 | 読み方 읽는 법

130

연 습 문 제

1 예시와 같이 빈 칸을 채우세요.

동사	의미	그룹	정중형	부정형	과거형	과거부정형
買う (か)	사다	1	買います (か)	買いません (か)	買いました (か)	買いませんでした (か)
行く (い)	가다					
見る (み)	보다					
食べる (た)	먹다					
飲む (の)	마시다					
聞く (き)	듣다					
する	하다					
寝る (ね)	자다					
作る (つく)	만들다					
読む (よ)	읽다					
書く (か)	쓰다					
歩く (ある)	걷다					
持つ (も)	들다					
帰る (かえ)	돌아가다					
入る (はい)	들어가다					

예
> 友達と ジュースを (飲む → 飲み) ながら 話を します。

❶ 父は いびきを (かく → _____) ながら 寝ます。

❷ 私は いつも テレビを (見る → _____) ながら ご飯を 食べます。

❸ 友達に (会う → _____) に 出掛けます。

❹ 映画を (見る → _____) に 行きます。

❺ ヨーロッパを 旅行 (する → _____) たいです。

❻ 週末、美術館に ピカソの 絵を 見に (行く → _____) たいです。

단어 | いびきを かく 코를 골다 | ヨーロッパ 유럽 | 美術館 미술관 | ピカソ 피카소

③ 예문과 같이 빈 칸을 채우세요.

보기

> に　へ　で　を　は　の　と　が

예
友達(と) 学校(で) 勉強(を) する → します。

① 日本語学校(　) 友達(　) 会う → ＿＿＿＿＿＿。

② 学校(　) 図書館で 本(　) 読む → ＿＿＿＿＿＿。

③ 財布(　) 1,582円(　) ある → ＿＿＿＿＿＿。

④ 学校(　) 行く 時は バス(　) 乗る → ＿＿＿＿＿＿。

⑤ 私(　) 勉強(　) あまり する → ＿＿＿＿＿＿。

⑥ 毎日、学校(　) 昼ご飯(　) 食べる → ＿＿＿＿＿＿。

4 일본어로 써 보세요.

1 저는 매일 아침 7시에 일어납니다.

_____。

2 매일 밤 몇 시에 잡니까?

_____。

3 도서관에 책을 빌리러 갑니다.

_____。

4 가족과 이야기하면서 식사를 합니다.

_____。

5 나는 여름방학에 친구와 바다에 가고 싶습니다.

_____。

6 나는 친구와 함께 학생식당에서 점심을 먹습니다.

_____。

단어 　学食 학생식당

용언(동사, 형용사 등)을 수식하는 용어를 '부사'라고 한다. 빈도(頻度)부사, 정도(程度)부사, 양태(様態)부사, 수량(数量)부사, 호응(呼応)부사 등이 그러하다. 여기에서는 초급 교재에 자주 나오는 '빈도부사'와 '정도부사'를 알아보자.

어떠한 행동을 얼마나 자주 하는지를 말하거나 물을 때 사용한다.

いつも	よく	たまに	ときどき	あまり	ぜんぜん
항상	자주	가끔	때때로	별로 그다지	전혀

◉ 彼とは たまに 会って 映画を 見ます。

그와는 가끔 만나서 영화를 봅니다.

어떠한 상황이 어느 정도였는지 정도를 나타낼 때 사용한다.

大変	ちょっと	少し	なかなか	もっと	とても
대단히	조금, 좀	조금	좀처럼 매우	더, 더욱	매우

◉ 日本語は 少し 勉強した ことが あります。

일본어는 조금 공부한 적이 있습니다.

10과

一緒に 遊びに 行きましょう。

함께 놀러 갑시다.

イ 日本の 漢字は 書きにくいし、覚えにくいので、

昨日も 夜中まで 漢字の 勉強を しました。

林 そうですね。日本語は 話しやすいけど、

漢字は 書きにくいし 読みにくいですね。

イ そうですね。ところで、今日 天気も いいし、

気分転換に どこかへ 遊びに 行きませんか。

林 明日 休みなので、海でも 見に 行きましょうか。

イ それは いいですね。行きましょう。

ところで この 近くに 海は ありますか。

林 1時間ぐらいの ところに あります。

イ 楽しみですね。では、明日 よろしく お願いします。

해석

이	일본 한자는 쓰기가 어렵고 외우기 어려워서 어제도 밤늦게까지 한자 공부를 했어요.
하야시	그랬군요. 일본어는 말하기는 쉽지만 한자는 쓰기도 어렵고 읽기도 어렵지요.
이	그러게요. 그런데 오늘 날씨도 좋고, 기분전환하러 어디 놀러 가지 않을래요?
하야시	내일 휴일이니까, 바다라도 보러 갈까요?
이	그거 좋네요. 갑시다. 그런데, 이 근처에 바다는 있습니까?
하야시	한 시간 정도 거리에 있습니다.
이	기대되네요. 그럼 내일 잘 부탁드립니다.

□ 書きにくい	쓰기 어렵다	□ 近くに	가까이에
□ 覚えにくい	외우기 어렵다	□ ところ	곳
□ どこか	어딘가	□ 使いやすい	사용하기 쉽다
□ くらい	정도	□ 字	글자
□ 書きやすい	쓰기 쉽다	□ 説明書	설명서
□ 汚れやすい	더러워지기 쉽다	□ 歩きにくい	걷기 힘들다
□ 読みにくい	읽기 어렵다	□ 行き方	가는 법
□ 靴	신발, 구두	□ 食べすぎる	과식하다
□ 読み方	읽는 법	□ 寝すぎる	너무 많이 자다
□ 使い方	사용법	□ ちょっと	잠깐, 좀
□ 働きすぎる	과로하다	□ そろそろ	슬슬, 이제 그만
□ よかったら	괜찮다면	□ 値段	가격
□ お昼の時間	점심시간	□ ペン	펜
□ 夜中	한밤중	□ シャツ	셔츠
□ 気分転換	기분전환	□ ダンス	댄스

1 동사 ます형 + やすい ~하기 쉽다

'~하기 쉽다(수월하다, 편하다)'는 뜻을 나타내는 표현이다.

❶ この ペンは 書きやすいです。

이 펜은 쓰기 편합니다.

❷ 新しい スマホは 使いやすいです。

새 스마트 폰은 사용하기 편합니다.

❸ 白い シャツは 汚れやすいです。

흰 셔츠는 더러워지기 쉽습니다.

2 동사 ます형 + にくい ~하기 어렵다

'~하기 어렵다(불편하다, 수월하지 않다)'는 뜻을 나타내는 표현이다.

❶ この 本は 字が 小さくて 読みにくいです。

이 책은 글자가 작아서 읽기 힘듭니다.

❷ この 説明書は 分かりにくいです。

이 설명서는 이해하기 어렵습니다.

❸ この 靴は 歩きにくいです。

이 신발은 걷기 불편합니다.

3 동사 ます형 + 方(かた) ~하는 법

'～하는 방법'을 나타내는 표현이다.

❶ 漢字(かんじ)の 読(よ)み方(かた)は 難(むずか)しいです。

한자 읽는 법은 어렵습니다.

❷ 駅(えき)までの 行(い)き方(かた)を 教(おし)えて ください。

역까지 가는 법을 가르쳐 주세요.

❸ 新(あたら)しい スマホの 使(つか)い方(かた)は 簡単(かんたん)です。

새 스마트 폰의 사용법은 간단합니다.

4 동사 ます형 + すぎる 너무 ~하다

정도가 과하거나 심한 것을 표현할 때 쓴다.

❶ ご飯(はん)を 食(た)べすぎました。

밥을 너무 많이 먹었습니다.

❷ 昨日(きのう)は 働(はたら)きすぎました。

어제는 일을 너무 많이 했습니다.

❸ 寝(ね)すぎました。

너무 많이 잤습니다.

5 ～ませんか　~하지 않겠습니까?

상대방의 의향을 정중하게 물을 때 쓴다.

❶ 週末、一緒に 遊びに 行きませんか。

주말에 함께 놀러 가지 않겠습니까?

❷ お茶でも 飲みに 行きませんか。

차라도 마시러 가지 않을래요?

❸ よかったら、一緒に 映画を 見ませんか。

괜찮으시다면 같이 영화보지 않을래요?

6 ～ましょうか / ～ましょう　~할까요? / ~합시다

「～ましょうか」는 상대방의 의향을 물을 때 쓰는 표현으로, 그에 대한 긍정적인 대답이나 권유를 할 때는 「～ましょう」를 사용한다.

❶ Ⓐ では、そろそろ 帰りましょうか。

그럼 슬슬 돌아갈까요?

Ⓑ はい、帰りましょう。 네, 돌아갑시다.

❷ Ⓐ お昼の時間です。食事に 行きましょうか。

점심시간입니다. 식사하러 갈까요?

Ⓑ はい、行きましょう。 네, 갑시다.

❸ お待たせしました。では 始めましょうか。

오래 기다리셨습니다. 그럼 시작할까요?

7 (기본형)し、(기본형)し　~하고, ~하고 / ~해서, ~해서

여러 가지 상태나 행위를 열거하거나 이유 등을 나타내는 표현이다.

❶ この 店は 料理が 美味しいし、値段も 安いし、いいですね。
이 가게는 요리가 맛있고 가격도 싸고 좋네요.

❷ 私は 勉強も するし、バイトも します。
저는 공부도 하고 아르바이트도 합니다.

❸ 彼は 歌も 上手だし、ダンスも 上手です。
그는 노래도 잘하고 춤도 잘 춥니다.

❹ 私の 部屋は 綺麗だし、静かなので 好きです。
제 방은 깨끗하고 조용해서 좋습니다.

8 何 / どこ / 誰 / いつ + か　무엇인가 / 어딘가 / 누군가 / 언젠가

의문사에 의문형 조사 「か」를 붙여 '무언가가 있는지, 어딘가에 갔는지, 누군가가 있는지, 확실하지 않지만 언젠가는'이라는 의미의 문장을 만들 때 쓴다.

❶ 箱の 中に 何か ありますか。　상자 안에 무언가 있습니까?

❷ 日曜日、どこかへ 行きましたか。　일요일에 어딘가에 갔었습니까?

❸ 教室に 誰か いますか。　교실에 누군가 있습니까?

❹ いつか 世界旅行に 行きたいです。。　언젠가 세계여행을 하고 싶습니다.

① 예시와 같이 빈 칸을 채우세요.

동사	～やすい	～にくい	～方(かた)	～すぎる
買(か)う	買(か)いやすい	買(か)いにくい	買(か)い方(かた)	買(か)いすぎる
歩(ある)く				
泳(およ)ぐ				
話(はな)す				
持(も)つ				
呼(よ)ぶ				
読(よ)む				
作(つく)る				
切(き)る				
見(み)る				
食(た)べる				
来(く)る				
する				

> **예**
>
> Ⓐ 週末に 遊びに 行きませんか。
>
> Ⓑ はい、 遊びに 行きましょう 。

❶ Ⓐ ご飯を 食べに 行きましょうか。

Ⓑ はい、＿＿＿＿＿＿＿＿＿＿＿＿＿＿＿＿＿＿。

❷ Ⓐ ちょっと 休みましょうか。

Ⓑ はい、＿＿＿＿＿＿＿＿＿＿＿＿＿＿＿＿＿＿。

❸ Ⓐ かばんの 中に 何か ありますか。

Ⓑ いいえ、＿＿＿＿＿＿＿＿＿＿＿＿＿＿＿＿＿。

❹ Ⓐ 隣の 部屋に 誰か いますか。

Ⓑ いいえ、＿＿＿＿＿＿＿＿＿＿＿＿＿＿＿＿＿。

3 일본어로 써 보세요.

① 오늘은 빨리 집에 가고 싶습니다.

_____ 。

② 이번 여름방학에 일본에 놀러 가고 싶습니다.

_____ 。

③ 히라가나는 읽기 쉽습니다만, 가타카나는 읽기 어렵습니다.

_____ 。

④ 어제 회식에서 과음했습니다.

_____ 。

⑤ 점심시간입니다. 식사하러 갑시다.

_____ 。

일본의 행정 구역

일본의 행정 구역은 도도부현(都道府県)의 광역 자치 단체와 시정촌(市町村)의 기초 자치 단체로 이루어져 있다. 도(都)는 도쿄도(東京都), 또 하나의 도(道)는 홋카이도(北海道)가 있다. 부(府)는 교토부(京都府)와 오사카부(大阪府)를 말하며, 현은 43개의 현(県)을 말한다. 이러한 도도부현의 행정 구역은 메이지 시대(明治時代)에 만들어져 현재까지 유지되고 있다. 1871년 폐번치현(廃藩置県)을 단행하여 봉건적 지배기반인 번(藩)을 폐지하고 전국을 부와 현으로 구분하였고, 각 부와 현에 국가가 임명한 관리를 파견하였다.

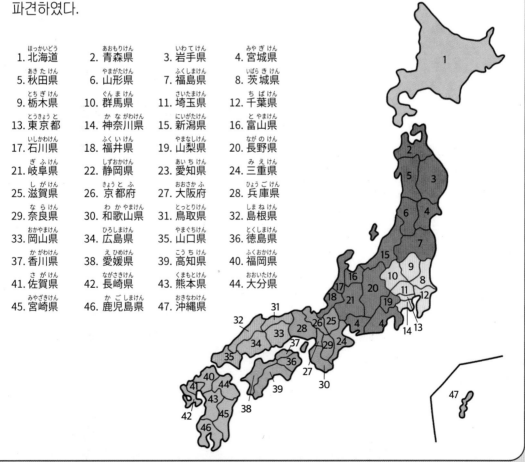

1. 北海道
2. 青森県
3. 岩手県
4. 宮城県
5. 秋田県
6. 山形県
7. 福島県
8. 茨城県
9. 栃木県
10. 群馬県
11. 埼玉県
12. 千葉県
13. 東京都
14. 神奈川県
15. 新潟県
16. 富山県
17. 石川県
18. 福井県
19. 山梨県
20. 長野県
21. 岐阜県
22. 静岡県
23. 愛知県
24. 三重県
25. 滋賀県
26. 京都府
27. 大阪府
28. 兵庫県
29. 奈良県
30. 和歌山県
31. 鳥取県
32. 島根県
33. 岡山県
34. 広島県
35. 山口県
36. 徳島県
37. 香川県
38. 愛媛県
39. 高知県
40. 福岡県
41. 佐賀県
42. 長崎県
43. 熊本県
44. 大分県
45. 宮崎県
46. 鹿児島県
47. 沖縄県

11과

履_はいて みても いいですか。

신어 봐도 됩니까?

客_{きゃく} この 靴_{くつ} 履_はいて みても いいですか。

店員_{てんいん} はい、いいです。靴_{くつ}の サイズは…。

客_{きゃく} ２５_{にじゅうご}です。

店員_{てんいん} すみません。その 靴_{くつ}は サイズが 違_{ちが}います。

少々_{しょうしょう} お待_まちください。すぐ 新_{あたら}しい 靴_{くつ}を 持_もって 来_きます。

客_{きゃく} お願_{ねが}いします。

店員_{てんいん} お待_またせ致_{いた}しました。どうぞ 履_はいて みて ください。

客_{きゃく} ちょうど いいです。デザインも 気_きに 入_いって います。

これに します。

店員_{てんいん} ありがとうございます。

お会計_{かいけい}は あちらの レジで お願_{ねが}いします。

해석

> 손님　이 구두 신어 봐도 됩니까?
>
> 점원　네, 괜찮습니다. 구두 사이즈는…….
>
> 손님　25입니다.
>
> 점원　죄송합니다. 그 구두는 사이즈가 다릅니다.
> 　　　잠시만 기다려 주세요. 바로 새 구두를 가져오겠습니다.
>
> 손님　부탁드립니다.
>
> 점원　많이 기다리셨습니다. 신어 보세요.
>
> 손님　딱 좋습니다. 디자인도 마음에 듭니다.
> 　　　이걸로 하겠습니다.
>
> 점원　감사합니다.
> 　　　계산은 저쪽 계산대에서 부탁드립니다.

☐ 靴 (くつ)	신발, 구두	☐ すぐ	곧, 바로
☐ 違う (ちがう)	다르다	☐ 気に入る (きにいる)	마음에 들다
☐ ちょうど	딱 알맞음	☐ 借りる (かりる)	빌리다
☐ 会計 (かいけい)	계산, 회계	☐ 調べる (しらべる)	조사하다
☐ 着替をする (きがえをする)	옷을 갈아입다	☐ 道路 (どうろ)	도로
☐ 資料 (しりょう)	자료	☐ 飲み物 (のみもの)	음료수
☐ 挑戦する (ちょうせんする)	도전하다	☐ 午後 (ごご)	오후
☐ 塩 (しお)	소금	☐ サイズ	사이즈
☐ 冷蔵庫 (れいぞうこ)	냉장고	☐ ガイドブック	가이드북
☐ 新幹線 (しんかんせん)	신칸센	☐ レジ	계산대
☐ 履く (はく)	신다, 입다	☐ ジム	헬스장
☐ 筋トレ (きんトレ)	근력 운동	☐ レポート	리포트
☐ 予習 (よしゅう)	예습	☐ スカーフ	스카프
☐ 少々 (しょうしょう)	잠깐	☐ デパート	백화점

1 동사 て형 ~하고, ~하며, ~해서

종류	접속 방법	예
1그룹	어미가 う·つ·る → って	会って, 待って, 終わって
	어미가 ぬ·ぶ·む → んで	死んで, 呼んで, 読んで
	어미가 く·ぐ → いて·いで **예외** 行く → 行いて(✕), 行って(○)	書いて, 泳いで
	어미가 す → して	話して, 貸して
2그룹	어미 る → て	見て, 起きて, 食べて, 寝て
3그룹	来る → 来て する → して	来て 買い物して

2 동사 て형의 활용

❶ ～て ～하고, ～하며

시간의 전, 후와는 상관없이 동작을 열거하는 표현이다.

> **❶ ご飯を 食べて 着替をして 学校に 行きます。**
>
> 밥을 먹고 옷을 갈아입고 학교에 갑니다.
>
> **❷ 友達に 会って 食事をして それから 買い物に 行きました。**
>
> 친구를 만나서 식사를 하고 그리고 나서 쇼핑을 갔습니다.
>
> **❸ 図書館で 本を 借りて 家に 帰ります。**
>
> 도서관에서 책을 빌리고 집에 돌아갑니다.

❷ ～て ください ～해 주세요

정중하게 요구하거나 부탁하는 표현이다.

> **❶ ここに お名前を 書いて ください。**
>
> 여기에 성함을 써 주세요.
>
> **❷ 身分証明書を 見せて ください。**
>
> 신분증을 보여 주세요.
>
> **❸ すみません。塩を 取って ください。**
>
> 미안합니다. 소금 좀 집어 주세요.
>
> **❹ すみませんが、この 漢字の 読み方を 教えて ください。**
>
> 죄송합니다만, 이 한자의 읽는 법을 가르쳐 주세요.

❸ ～てから ～하고 나서

시간적으로 앞의 동작을 하고 난 후 뒤의 동작을 한다는 표현이다.

❶ コーヒーを 飲んでから、仕事を します。

커피를 마시고 나서 일을 합니다.

❷ 毎朝、散歩を してから 会社へ 行きます。

매일 아침, 산책을 하고 나서 회사에 갑니다.

❸ 予習を してから 授業に 入ります。

예습을 하고 나서 수업에 들어갑니다.

❹ シャワーを 浴びてから 寝ます。

샤워를 하고 나서 잡니다.

❹ 타동사 て형＋いる ～하고 있다

동작의 진행을 나타내는 표현이다.

❶ 図書館で レポートを 書いて います。

도서관에서 리포트를 쓰고 있습니다.

❷ 友達と カフェーで コーヒーを 飲んで います。

친구와 카페에서 커피를 마시고 있습니다.

❸ デパートで 買い物して います。

백화점에서 쇼핑을 하고 있습니다.

❹ 弟は 犬と 公園を 散歩して います。

남동생은 개와 공원을 산책하고 있습니다.

❺ 타동사 て형＋いる ~모습을 하고 있다

구체적인 모습이나 상태를 나타내는 표현이다.

> **❶ イさんは 綺麗な スカーフを して います。**
>
> 이 씨는 예쁜 스카프를 하고 있습니다.
>
> **❷ キムさんは 眼鏡を 掛けて います。**
>
> 김 씨는 안경을 쓰고 있습니다.
>
> **❸ パクさんは セーターを 着て います。**
>
> 박 씨는 스웨터를 입고 있습니다.

❻ (동작성) 자동사 て형＋いる ~하고 있다

동작의 진행을 나타내는 표현이다.

> **❶ 子供たちが 公園で 遊んで います。**
>
> 어린이들이 공원에서 놀고 있습니다.
>
> **❷ 魚が 池の中で 泳いで います。**
>
> 물고기가 연못에서 헤엄치고 있습니다.
>
> **❸ 車が 道路を 走って います。**
>
> 차가 도로를 달리고 있습니다.
>
> **❹ 雨が 降って います。**
>
> 비가 내리고 있습니다.

단어 セーター 스웨터 ｜ 魚 물고기 ｜ 池 연못

❼ 자동사 て형 + いる ~해져 있다

결과의 상태를 나타내는 표현으로 현재 눈앞에 보이는 상태를 묘사하는 표현이다.

❶ 電気が ついて いて、明るいです。 불이 켜져 있어 환합니다.

❷ あそこに 綺麗な 花が 咲いて いますよ。

저기 예쁜 꽃이 피어 있습니다.

❸ すみません、テーブルが 濡れて いるので、拭いて ください。

실례합니다. 테이블이 젖어 있으니 닦아 주세요.

❹ 冷蔵庫に 飲み物が 冷えて います。

냉장고에 음료수가 시원하게 되어 있습니다.

❽ ~が / ~を + 타동사 て형 + ある ~가 (해)져 있다 / ~을 해 두었다

누군가 또는 화자의 의도에 의해 행동한 결과의 상태를 나타내는 표현이다.

❶ 部屋に 家族の 写真が 貼って あります。

방에 가족사진이 붙어 있습니다.

❷ 暑いので 窓を 開けて あります。 더워서 창문을 열어 놓았습니다.

❸ 新幹線の 切符は もう 買って あります。

신칸센 표는 이미 사 놓았습니다.

❹ 旅行の 前に ガイドブックを 読んで あります。

여행 전에 가이드북을 읽어두었습니다.

단어 咲く (꽃이) 피다 | 濡れる 젖다 | 拭く 닦다 | 冷える 차가워지다 | 貼る 붙이다 | 窓 창문 |
開ける 열다 | 切符 표

❾ ～て 置く   ～해 두다

어떠한 목적을 위해 사전에 준비를 해 둔다는 표현이다.

❶ お客さんが 来る前に 飲み物を 用意して 置きます。

손님이 오기 전에 음료수를 준비해 둡니다.

❷ 旅行の前に いい 所を 調べて 置きます。

여행 전에 좋은 곳을 조사해 둡니다.

❸ 午後から 忙しくなるので、食事をして 置きます。

오후부터 바빠지므로 식사를 해 둡니다.

❿ ～て みる   ～해 보다

어떠한지 알아보기 위해 행위를 해 본다는 표현이다.

❶ 姉の シャツを 着て みます。

언니의 셔츠를 입어 봅니다.

❷ レポートの 資料を 調べて みます。

리포트 자료를 찾아 봅니다.

❸ 新しい 仕事に 挑戦して みます。

새로운 일에 도전해 봅니다.

단어 用意する 준비하다

1 예시와 같이 빈 칸을 채우세요.

의미	동사	て형	의미	동사	て형
사다	買う	買って	만나다	会う	
걷다	歩く		가다	行く	
헤엄치다	泳ぐ		이야기하다	話す	
빌려주다	貸す		기다리다	待つ	
들다	持つ		죽다	死ぬ	
부르다	呼ぶ		날다	飛ぶ	
읽다	読む		마시다	飲む	
끝나다	終わる		만들다	作る	
돌아가다	帰る		들어가다	入る	
알다	知る		자르다	切る	
일어나다	起きる		보다	見る	
먹다	食べる		자다	寝る	
오다	来る		하다	する	

② 예문과 같이 빈 칸을 채우세요.

> **예**
>
> (行く・見る・帰る)
>
> 映画館へ　行って　映画を　見て　家へ　帰ります。

① (行く・買う・食べる)

コンビニへ＿＿＿＿＿お菓子を＿＿＿＿＿家で＿＿＿＿＿＿＿＿＿。

② (会う・見る・飲む)

友達に＿＿＿＿＿映画を＿＿＿＿＿コーヒーを＿＿＿＿＿＿＿＿。

③ (起きる・する・食べる)

早く＿＿＿＿＿掃除を＿＿＿＿＿朝ご飯を＿＿＿＿＿＿＿＿。

④ (行く・する・寝る)

ジムへ＿＿＿＿＿筋トレを＿＿＿＿＿家で＿＿＿＿＿＿＿＿。

단어 　コンビニ 편의점 ｜ お菓子 과자 ｜ 掃除 청소

3 예문과 같이 고쳐 보세요.

예
昨日も 日本語の勉強を <u>する → して</u> から 寝ました。

① 友達と 昼ご飯を <u>食べる →　　　　　　　</u> 帰ります。

② お客さんが 来るので <u>掃除する →　　　　　　　</u> 置きます。

③ 明日は 朝早く <u>来る →　　　　　　　</u> ください。

④ ここに お名前と ご住所を <u>書く →　　　　　　　</u> ください。

단어　住所 주소

4 예문과 같이 알맞은 것을 고르세요.

예

テレビを 見ながら、ご飯を 食べて ((います)・ あります)。

① 今、ジムで 運動して (います ・ あります)。

② ドアが 開いて (います ・ あります)。

③ 壁に 風景の カレンダーが 掛けて (います ・ あります)。

④ 黒板に「静かに しなさい」と 書いて (います ・ あります)。

단어　ドア 문 | 壁 벽 | 風景 풍경 | カレンダー 달력 | 黒板 칠판

⑤ 일본어로 써 보세요.

① 학교에서 친구랑 이야기합니다.

_____ 。

② 온천에서 헤엄쳐서는 안 됩니다.

_____ 。

③ 여기서 사진을 찍어도 좋습니까?

_____ 。

④ 여기요, 계산해 주세요.

_____ 。

⑤ 선생님은 빨간 원피스를 입고 있습니다.

_____ 。

⑥ 이미 수업 전에 교과서를 읽어 두었습니다.

_____ 。

일본 음식의 특징과 식사 예절

　일본의 음식은 전통 요리가 발달되어 있다. 각 지방의 특산품을 재료로 하여 만든 요리를 향토요리라고 하며 독특한 요리법을 중요시 한다.

　특히, 일본요리는 육류 요리보다 생선 요리가 발달하였고, 다섯 가지 맛인 단맛, 신맛, 매운맛, 쓴맛, 짠맛을 살려서 요리를 한다. 또한 다섯 가지 색인 하양, 노랑, 빨강, 파랑, 검정을 중요시하여 음식을 담아내며, 다섯 가지 조리법인 생식(生食), 삶기, 굽기, 튀기기, 찌기가 기본 조리법이다.

　일본에서는 숟가락을 거의 사용하지 않으며 젓가락 하나로 밥과 국, 반찬을 먹는다. 단, 카레라이스와 같은 음식은 숟가락을 사용하기도 한다. 기본적으로 숟가락을 사용하지 않기 때문에 밥그릇을 한 손으로 들고 먹으며 밥그릇에 입을 대고 먹기도 한다. 여러 사람이 모여 먹는 경우, 가운데 놓인 음식을 자기 접시에 덜어 와서 먹어야 하는데, 이 때 자신이 사용한 젓가락을 사용하지 않는다. 다만 자신의 젓가락을 사용할 경우, 입을 댄 부분이 아닌 반대쪽으로 뒤집어서 덜고 다시 뒤집어서 먹는다.

12과

一生懸命 勉強した 方が いいです。

열심히 공부하는 편이 좋습니다.

田中 イさん、暇な時は 何を しますか。

イ 最近は、運転免許の勉強を したり、

ユーチューブを 見たり します。

田中 そうですね。運転免許は 早く 取った 方が いいですね。

合格したら いいですね。

イ ありがとうございます。頑張ります。

田中 私も 免許を 取ったばかりなので、

まだ 一人で 運転した ことは ありません。

いつも 父と 一緒の時だけ 運転します。

イ まだ 一人では 怖いです。その 気持 よく 分かります。

해석

다나카 이 씨, 시간날 때는 무엇을 하나요?

이 요즘은 운전면허 공부를 하거나, 유튜브를 보거나 합니다.

다나카 그렇군요. 운전면허는 빨리 따는 편이 좋지요.
합격했으면 좋겠네요.

이 감사합니다. 열심히 하겠습니다.

다나카 저도 면허를 딴 지 얼마 안 돼서, 아직 혼자서 운전한
적은 없습니다. 늘 아버지와 함께일 때만 운전합니다.

이 아직 혼자서는 무서울 것 같아요. 그 기분 잘 알 것 같습니다.

□ 運転免許 うんてんめんきょ	운전면허	□ 洗濯 せんたく	빨래
□ 取る と	따다	□ 出会う で あ	만나다
□ 怖い こわ	무섭다	□ 出掛ける で か	외출하다
□ 気持 き もち	기분	□ やる	하다
□ 合格 ごうかく	합격	□ 最後 さい ご	마지막
□ 相談 そうだん	상담	□ 夕べ ゆう	어젯밤
□ 着く つ	도착하다	□ 居眠りを する い ねむ	졸다
□ 頑張る がん ば	힘내다, 노력하다	□ 混む こ	붐비다
□ 疲れる つか	지치다, 피로해지다	□ 野菜 や さい	채소
□ 困る こま	곤란하다	□ ずっと	계속
□ 付き合う つ あ	사귀다, 함께하다	□ アップロード	업로드
□ 芸能人 げいのうじん	연예인	□ インスタグラム	인스타그램
□ ただ今 いま	방금	□ ユーチューブ	유튜브
□ 大阪 おおさか	오사카	□ ゴロゴロする	뒹굴거리다
□ 健康 けんこう	건강	□ ダイエット	다이어트

1 동사의 과거형(た형) ~했다

종류	접속 방법	예
1그룹	어미가 う·つ·る → った	会った, 待った, 終わった
	어미가 ぬ·ぶ·む → んだ	死んだ, 呼んだ, 読んだ
	어미가 く·ぐ → いた·いだ **예외** 行く → 行いた(✕), 行った(○)	書いた, 泳いだ
	어미가 す → した	話した, 貸した
2그룹	어미 る → た	見た, 起きた, 食べた, 寝た
3그룹	来る → 来た する → した	来た 買い物した

2 동사 た형의 활용

❶ ～た ことが ある ～한 적이 있다

과거의 경험을 나타내는 표현이다.

> ❶ 日本へ 行った ことが あります。
>
> 일본에 간 적이 있습니다.
>
> ❷ 私は 大阪へ 行った ことが あります。
>
> 저는 오사카에 간 적이 있습니다.
>
> ❸ 韓国に 来た ことが ありますか。
>
> 한국에 온 적이 있습니까?

❷ ～た 方が いい ～하는 편이 좋다

어떤 상황에 대해 충고나 조언, 의견 등을 말할 때 사용하는 표현이다.

> ❶ 健康の ために 運動した 方が いい。
>
> 건강을 위해 운동하는 편이 좋다.
>
> ❷ 疲れた 時は 休んだ 方が いい。
>
> 피곤할 때는 쉬는 편이 좋다.
>
> ❸ 困った 時は 家族に 相談した 方が いい。
>
> 곤란할 때는 가족에게 상담하는 편이 좋다.

❸ 〜たばかりだ　막 〜하다

시간이나 기간이 지난 지 얼마 되지 않았거나 동작이나 행위가 끝난 지 얼마 되지 않았다는 표현이다.

❶ 駅に 着いたばかりです。

역에 막 도착했습니다.

❷ 彼女と 付き合ったばかりです。

그녀와 막 사귀기 시작했습니다.

❸ 弟は 二十歳に なったばかりです。

남동생은 이제 막 스무 살이 되었습니다.

❹ 〜たり 〜たり する　〜하거나 〜하거나 하다

과거나 평소의 행위를 열거할 때 사용한다.

❶ 週末は 音楽を 聞いたり、ゲームを したり しました。

주말은 음악을 듣거나 게임을 하거나 했습니다.

❷ 休みの日は 掃除を したり、洗濯を したり します。

쉬는 날은 청소를 하거나 빨래를 하거나 합니다.

❸ 暇な時は 家で ゴロゴロしたり、公園を 散歩したり します。

한가할 때는 집에서 뒹굴거리거나 공원을 산책하거나 합니다.

❺ ～た＋명사　～했던 ～

동사 과거형의 형태로 뒤에 오는 명사를 수식하는 표현이다.

> ❶ それは もう 読み終わった 本です。
>
> 그것은 이미 다 읽은 책입니다.
>
> ❷ バイトを した 時 出会った 人です。
>
> 아르바이트를 할 때 만난 사람입니다.
>
> ❸ これは 先週 見た 映画です。
>
> 이것은 지난주 본 영화입니다.

❻ ～た＋まま　～한 채로

앞의 상황이 바뀌지 않은 채 뒤의 상황이 이어지는 표현이다.

> ❶ 眼鏡を 掛けたまま シャワーを 浴びます。
>
> 안경을 쓴 채로 샤워를 합니다.
>
> ❷ 電気を つけたまま 出掛けました。
>
> 전기를 켜 놓은 채로 나갔습니다.
>
> ❸ 弟は 朝 出掛けたまま まだ 帰りません。
>
> 남동생은 아침에 나간 채 아직 안 돌아옵니다.

🥚① 예시와 같이 빈 칸을 채우세요.

의미	동사	た형	의미	동사	た형
사다	買う	買った	만나다	会う	
걷다	歩く		가다	行く	
헤엄치다	泳ぐ		이야기하다	話す	
빌려주다	貸す		기다리다	待つ	
들다	持つ		죽다	死ぬ	
부르다	呼ぶ		날다	飛ぶ	
읽다	読む		마시다	飲む	
끝나다	終わる		만들다	作る	
돌아가다	帰る		들어가다	入る	
알다	知る		자르다	切る	
일어나다	起きる		보다	見る	
먹다	食べる		자다	寝る	
오다	来る		하다	する	

❷ 예문과 같이 빈 칸을 채우세요.

> **예**
>
> (聞く・する)
>
> 暇な時は、音楽を <u>聞いたり</u> 、ゲームを <u>したり</u> します。

❶ (行く・描く)

暇な時は、散歩に ＿＿＿＿＿、絵を ＿＿＿＿＿ します。

❷ (読む・引く)

暇な時は、本を ＿＿＿＿＿、ピアノを ＿＿＿＿＿ します。

❸ (会う・作る)

暇な時は、友達に ＿＿＿＿＿、料理を ＿＿＿＿＿ します。

❹ (見る・アップロードする)

暇な時は、ユーチューブを ＿＿＿＿＿、インスタグラムに 写真を

＿＿＿＿＿＿＿＿＿ します。

> 예
>
> (ダイエットする)
> 健康のために ダイエットした 方が いいです。

1 (やる)

最後まで _____ 方が いいです。

2 (休む)

疲れたら、少し _____ 方が いいです。

3 (相談する)

困った時は、両親に _____ 方が いいです。

4 (旅行に 行く)

気分転換のためには、_____ 方が いいです。

④ 예문과 같이 빈 칸을 채우세요.

> **예**
>
> (眼鏡を 掛ける)
>
> 夕べは 眼鏡を ___掛けた___ まま 寝て しまいました。

❶ (電気が つく)

家に 帰ったら 電気が _____ ままに なって いました。

❷ (口を 開ける)

口を _____ まま 居眠りを して います。

❸ (立つ)

電車が 混んで いたので、ずっと _____ ままでした。

❹ (スマホを 置く)

テーブルの 上に スマホを _____ まま 出掛けて しまいました。

⑤ 예문과 같이 빈 칸을 채우세요.

예

(帰る) → ただ今、家に <u>帰った</u> ばかりです。

❶ (取る) → 免許を ＿＿＿＿＿＿ ばかりです。

❷ (付き合う) → 彼女と ＿＿＿＿＿＿＿＿ ばかりです。

❸ (なる) → 妹は 先月 20歳に ＿＿＿＿＿ ばかりです。

❹ (来る) → 私は 3ヶ月前に 韓国に ＿＿＿＿＿ばかりです。

6 일본어로 써 보세요.

① 창문을 열어둔 채 외출해 버렸습니다.

_____。

② 건강을 위해 채소를 먹는 것이 좋아요.

_____。

③ 지금 막 점심을 먹었습니다.

_____。

④ 일본에 간 적이 있습니까?

_____。

⑤ 이전에 연예인을 만난 적이 있습니까?

_____。

연습문제 정답

こちらこそ よろしく お願いします。

① ❶ Ⓐ 田中さんは 大学生ですか。(会社員)

　　 Ⓑ いいえ、田中さんは 大学生では ありません。会社員です。

❷ Ⓐ すみません。パクさんですか。(キム)

　　 Ⓑ いいえ、パクでは ありません。キムです。

❸ Ⓐ すみません。韓国人ですか。(韓国人)

　　 Ⓑ はい、韓国人です。

❹ Ⓐ マリさんは アメリカ人ですか。(イギリス人)

　　 Ⓑ いいえ、アメリカ人では ありません。イギリス人です。

② ❶ 저는 대학생입니다.

　　 私は 大学生です。

❷ 저는 일본인이 아닙니다.

　　 私は 日本人では ありません。

❸ 그녀는 한국인이었습니다.

　　 彼女は 韓国人でした。

❹ 그는 중국인이 아니었습니다.

　　 彼は 中国人じゃ ありませんでした。

172

5 저는 다나카 씨의 친구입니다.

私は 田中さんの 友達です。

6 저는 일본어 선생입니다.

私は 日本語の 先生です。

①

① (저것 / 누구)　　　　　あれ は 誰(だれ) のですか。

② (저것 / 선생님)　　　　あれ は 先生(せんせい) のです。

③ (그것 / 그녀)　　　　　それ は 彼女(かのじょ) のですか。

④ (이것 / 이 씨 / 안경)　　これ は イさん の 眼鏡(めがね) です。

⑤ (이것 / 그)　　　　　　これ は 彼(かれ) のですか。

⑥ (그것 / 김 씨 / 가방)　　それ は キムさん の かばん です。

②

① 그쪽은 학교입니다.　　　　　そちら は 学校(がっこう) です。

② 여기는 나의 집입니다.　　　　ここ は 私(わたし)の 家(いえ) です。

③ 엘리베이터는 이쪽입니다.　　エレベーター は こちら です。

④ 거기는 교실입니다.　　　　　そちら は 教室(きょうしつ) です。

⑤ 가게는 저쪽입니다.　　　　　お店(みせ) は あちら です。

③

① 이것은 무엇입니까?

　　これは 何(なん)ですか 。

② 이쪽은 다나카 씨입니다.

　　こちらは 田中(たなか)さんです 。

③ 그것은 제 우산이 아닙니다.

　　それは 私(わたし)の 傘(かさ)では ありません 。

④ 저 사람은 누구입니까?

　　あの 人(ひと)は 誰(だれ)ですか 。

⑤ 이 책은 친구의 것입니다.

この 本_{ほん}は 友達_{ともだち}のです 。

⑥ 그 우산은 누구의 것입니까?

その 傘_{かさ}は 誰_{だれ}のですか 。

これを 二つ お願いします。

1

1

❶ Ⓐ たこ焼きは いくらですか。

Ⓑ にひゃく 円です。

❷ Ⓐ ラーメンは いくらですか。

Ⓑ ごひゃくごじゅう 円です。

❸ Ⓐ お好み焼きと 豚カツは いくらですか。

Ⓑ お好み焼きは はっぴゃく 円で、豚カツは ごひゃく 円です。

❹ Ⓐ そばと 牛丼と 冷やし中華、合わせて いくらですか。

Ⓑ 全部で せんよんひゃくごじゅう 円です。

2

❶ コロッケ 2개 Ⓐ コロッケを ふたつ お願いします。

Ⓑ 全部で にひゃく 円です。

❷ うどん 3개 Ⓐ うどんを みっつ お願いします。

Ⓑ 全部で せんごじゅう 円です。

❸ 唐揚げ 4개 Ⓐ 唐揚げを よっつ お願いします。

Ⓑ 全部で ろっぴゃく 円です。

❹ たこ焼き 2개 Ⓐ たこ焼きを ふたつ お願いします。

Ⓑ 全部で よんひゃく 円です。

②

❶ 300円 　　さんびゃく円

❷ 450円 　　よんひゃくごじゅう円

❸ 890円 　　はっぴゃくきゅうじゅう円

❹ 4,400円 　　よんせんよんひゃく円

❺ 6,700円 　　ろくせんななひゃく円

❻ 8,600円 　　はっせんろっぴゃく円

❼ 13,800円 　　いちまんさんぜんはっぴゃく円

❽ 39,330円 　　さんまんきゅうせんさんびゃくさんじゅう円

❾ 88,490円 　　はちまんはっせんよんひゃくきゅうじゅう円

❿ 685,455円 　　ろくじゅうはちまんごせんよんひゃくごじゅうご円

③

❶ 우동과 소고기덮밥을 하나씩 주세요.

うどんと 牛丼を 一つずつ ください。

❷ 커피는 뜨거운 것 하나, 아이스 하나 부탁드려요.

コーヒーは ホット 一つ、アイス 一つ お願いします。

❸ 다코야키 10개와 가라아게 5개 주세요.

たこ焼き 十と 唐揚げ 五つ ください。

❹ 두 개 다 차가운 걸로 부탁드려요.

二つとも アイスで お願いします。

❺ 크로켓 1개와 오코노미야키 2개, 합쳐서 얼마인가요?

コロッケ 一つと お好み焼き 二つ、合わせて いくらですか。

❻ 크로켓 1개 200엔, 오코노미야키는 2개 600엔, 전부해서 800엔입니다.

コロッケ一つ200円、お好み焼きは 二つ600円、全部で 800円です。

①

① 4시 45분　　　　　今は よじ よんじゅうごふん です。

② 12시 30분　　　　今は じゅうにじ さんじゅっぷん です。

③ 7시 50분　　　　　今は しちじ ごじゅっぷん です。

④ 6시 20분　　　　　今は ろくじ にじゅっぷん です。

②

① 先月は 何月でしたか。[9월]

先月は くがつ でした。

② 明日は 何日 何曜日ですか。[28일(금)]

明日は にじゅうはちにち きんようび です。

③ 昨日は 何日 何曜日でしたか。[20일(목)]

昨日は はつか もくようび でした。

④ 来週の 月曜日は 何日ですか。[6일]

来週の 月曜日は むいか です。

③

❶ Ⓐ デートは 何時から 何時までですか。[1시~7시]

Ⓑ デートは いちじから しちじまでです。

❷ Ⓐ 夏休みは 何月から 何月までですか。[7월~8월]

Ⓑ 夏休みは しちがつから はちがつまでです。

❸ Ⓐ 連休は いつから いつまでですか。 [14일~18일]

Ⓑ 連休は じゅうよっかから じゅうはちにちまでです。

❹ Ⓐ お祭りは 何曜日から 何曜日までですか。[월요일~목요일]

Ⓑ お祭りは げつようびから もくようびまでです。

④

❶ 스즈키 씨의 생일은 몇 월 며칠입니까?

鈴木さんの お誕生日は 何月 何日ですか。

❷ 제 생일은 9월 29일입니다.

私の 誕生日は ９月 ２９日です。

❸ 생일파티는 몇 시부터인가요?

誕生日パーティーは 何時からですか。

❹ 점심시간은 몇 시부터 몇 시까지인가요?

昼休みは 何時から 何時までですか。

❺ 저는 매주 목요일이 휴일입니다.

私は 毎週 木曜日が 休みです。

❻ 저는 내년에 대학을 졸업합니다.

私は 来年、大学を 卒業します。

アイユーは 歌が とても 上手な 歌手です。

	보통형	정중형
기본형	真面目だ	真面目です
과거형	真面目だった	真面目でした
부정형	真面目では[じゃ] ない	真面目では[じゃ] ありません 真面目では[じゃ] ないです
과거부정형	真面目では[じゃ] なかった	真面目では[じゃ] ありませんでした 真面目では[じゃ] なかったです
기본형	有名だ	有名です
과거형	有名だった	有名でした
부정형	有名では[じゃ] ない	有名では[じゃ] ありません 有名では[じゃ] ないです
과거부정형	有名では[じゃ] なかった	有名では[じゃ] ありませんでした 有名では[じゃ] なかったです
기본형	上手だ	上手です
과거형	上手だった	上手でした
부정형	上手では[じゃ] ない	上手では[じゃ] ありません 上手では[じゃ] ないです
과거부정형	上手では[じゃ] なかった	上手では[じゃ] ありませんでした 上手では[じゃ] なかったです

2 ① 簡単だ(ので・(のに)) 大変だ

→ 簡単なのに、大変です。

② 危険だ((ので)・のに) いやだ

→ 危険なので、いやです。

③ 賑やかだ(ので・(のに)) 静かだ

→ 賑やかなのに、静かです。

④ 親切だ((ので)・のに) 好きだ

→ 親切なので、好きです。

3 ① 조용하고 근사합니다.

静かで 素敵です。

② 깨끗한 가게입니다.

綺麗な 店です。

③ 친절해서 좋아합니다.

親切で、好きです。

④ 이 일은 힘들고 위험합니다.

この 仕事は 大変で、危険です。

⑤ 저는 성실한 학생이 아닙니다.

私は 真面目な 学生では ありません。

	보통형	정중형
기본형	高い	高いです
과거형	高かった	高かったです
부정형	高くない	高くありません / 高くないです
과거부정형	高くなかった	高くありませんでした / 高くなかったです
기본형	優しい	優しいです
과거형	優しかった	優しかったです
부정형	優しくない	優しくありません / 優しくないです
과거부정형	優しくなかった	優しくありませんでした / 優しくなかったです
기본형	可愛い	可愛いです
과거형	可愛かった	可愛かったです
부정형	可愛くない	可愛くありません / 可愛くないです
과거부정형	可愛くなかった	可愛くありませんでした / 可愛くなかったです

❶ この レストランは 美味しい(**ので**・のに) 人が 多いです。

❷ 新幹線は 速い(**ので**・のに) 高いです。

❸ この ステーキは 高い(ので ・**のに**) 美味しく ないです。

❹ この 会社は 給料が 安い(ので ・**のに**) 仕事が 多いです。

❺ この スマホは デザインは 古い(ので ・**のに**) 値段が 高いです。

❻ 彼は 性格が 明るい(**ので**・のに) クラスで 人気が あります。

3

① 이 식당은 싸고 맛있습니다.

<u>この 食堂は 安くて 美味しいです 。</u>

② 오키나와는 덥지만 삿포로는 춥습니다.

<u>沖縄は 暑いですが、札幌は 寒いです 。</u>

③ 이것은 맛있는 사과입니다.

<u>これは 美味しい りんごです 。</u>

④ 일본어 선생님은 상냥하고 재미있습니다.

<u>日本語の 先生は 優しくて 面白いです 。</u>

⑤ 낮은 덥지만 밤은 춥습니다.

<u>昼間は 暑いですが、夜は 寒いです 。</u>

①

❶ 売店 / 一階

[A] 売店は どこに ありますか。

[B] 一階に あります。

❷ キムさん / 自習室

[A] キムさんは どこに いますか。

[B] 自習室に います。

❸ パン屋 / 本屋と花屋の 間

[A] パン屋は どこに ありますか。

[B] 本屋と 花屋の 間に あります。

❹ 先生 / 教室

[A] 先生は どこに いますか。

[B] 教室に います。

2

① Ⓐ お母さんは どこに いますか。

Ⓑ お母さんは 学校の 前に います。

② Ⓐ 本は どこに ありますか。

Ⓑ 本は 椅子の 上に あります。

③ Ⓐ お姉さんは どこに いますか。

Ⓑ お姉さんは カフェーの 中に います。

④ Ⓐ かばんは どこに ありますか。

Ⓑ かばんは ベッドの 側に あります。

3

① Ⓐ ボールペンは どこに ありますか。

Ⓑ 机の 上に あります。

② Ⓐ 鈴木さんは どこに いますか。

Ⓑ 地下鉄駅の 前に います。

③ Ⓐ 犬は どこに いますか。

Ⓑ ソファーの 側に います。

④ Ⓐ 薬局は どこに ありますか。

Ⓑ 郵便局と 病院の 間に あります。

④

① 테이블 위에 사과가 3개 있습니다.

テーブルの 上_{うえ}に りんごが 三_{みっ}つ あります。

② 교실에 학생이 5명 있습니다.

教室_{きょうしつ}に 学生_{がくせい}が 五人_{ごにん} います。

③ 상자 속에 고양이가 3마리 있습니다.

箱_{はこ}の 中_{なか}に 猫_{ねこ}が 3匹_{さんびき} います。

④ 책장에 일본어 사전이 2권 있습니다.

本棚_{ほんだな}に 日本語_{にほんご}の 辞書_{じしょ}が 2冊_{にさつ} あります。

⑤ 사무실에 아무도 없습니다.

事務室_{じむしつ}に 誰_{だれ}も いません。

何人家族ですか。

①

❶ 祖母・父・母・兄・私

→ 祖母と 父と 母と 兄と 私の 5人家族です。

❷ 父・姉・二人の弟・私

→ 父と 姉と 二人の弟と 私の 5人家族です。

❸ 両親・私

→ 両親と 私の 3人家族です。

❹ 父・母・私

→ 父と 母と 私の 3人家族です。

②

❶ 両親・田舎

→ 両親は 田舎に います。

❷ 姉・大学生・ソウル

→ 姉は 大学生で、ソウルに います。

❸ 妹・中学生・絵が 上手

→ 妹は 中学生で、絵が 上手です。

❹ 弟・小学生・サッカー好き

→ 弟は 小学生で、サッカー好きです。

③

① 가족은 몇 명입니까?

ご家族は 何人ですか。

② 저의 가족은 할머니와 부모님과 남동생과 저 이렇게 5명입니다.

私の 家族は 祖母と 両親と 弟と 私の 5人です。

③ 형은 영어 선생님이며 서울에 있습니다.

兄は 英語の先生で、ソウルに います。

④ 부모님은 고양이와 함께 시골에 있습니다.

両親は 猫と 一緒に 田舎に います。

⑤ 저는 회사원이며 남동생은 고등학생입니다.

私は 会社員で、弟は 高校生です。

동사	의미	그룹	정중형	부정형	과거형	과거부정형
買う	사다	1	買います	買いません	買いました	買いませんでした
行く	가다	1	行きます	行きません	行きました	行きませんでした
見る	보다	2	見ます	見ません	見ました	見ませんでした
食べる	먹다	2	食べます	食べません	食べました	食べませんでした
飲む	마시다	1	飲みます	飲みません	飲みました	飲みませんでした
聞く	듣다	1	聞きます	聞きません	聞きました	聞きませんでした
する	하다	3	します	しません	しました	しませんでした
寝る	자다	2	寝ます	寝ません	寝ました	寝ませんでした
作る	만들다	1	作ります	作りません	作りました	作りませんでした
読む	읽다	1	読みます	読みません	読みました	読みませんでした
書く	쓰다	1	書きます	書きません	書きました	書きませんでした
歩く	걷다	1	歩きます	歩きません	歩きました	歩きませんでした
持つ	들다	1	持ちます	持ちません	持ちました	持ちませんでした
帰る	돌아가다	1	帰ります	帰りません	帰りました	帰りませんでした
入る	들어가다	1	入ります	入りません	入りました	入りませんでした

② ❶ 父は いびきを (かく → かき)ながら 寝ます。

❷ 私は いつも テレビを (見る → 見)ながら ご飯を 食べます。

❸ 友達に (会う → 会い)に 出掛けます。

❹ 映画を (見る → 見)に 行きます。

❺ ヨーロッパを 旅行(する → し)たいです。

❻ 週末、美術館に ピカソの絵を 見に (行く → 行き)たいです。

③ ❶ 日本語学校(の) 友達(に) 会う → 会います 。

❷ 学校(の) 図書館で 本(を) 読む → 読むます 。

❸ 財布(に) １５８２円(が) ある → あります 。

❹ 学校(に) 行く 時は バス(に) 乗る → 乗ります 。

❺ 私(は) 勉強(を) あまり する → しません 。

❻ 毎日、学校(で) 昼ご飯(を) 食べる → 食べます 。

④

① 저는 매일 아침 7시에 일어납니다.

私は 毎朝、 ７時に 起きます 。

② 매일 밤 몇 시에 잡니까?

毎晩、 何時に 寝ますか 。

③ 도서관에 책을 빌리러 갑니다.

図書館に 本を 借りに 行きます 。

④ 가족과 이야기하면서 식사를 합니다.

家族と 話しながら 食事を します 。

⑤ 나는 여름방학에 친구와 바다에 가고 싶습니다.

私は 夏休みに 友達と 海へ 行きたいです 。

⑥ 나는 친구와 함께 학생식당에서 점심을 먹습니다.

私は 友達と 一緒に 学食で 昼ご飯を 食べます 。

一緒に 遊びに 行きましょう。

동사	～やすい	～にくい	～方	～すぎる
買う	買いやすい	買いにくい	買い方	買いすぎる
歩く	歩きやすい	歩きにくい	歩き方	歩きすぎる
泳ぐ	泳ぎやすい	泳ぎにくい	泳ぎ方	泳ぎすぎる
話す	話しやすい	話しにくい	話し方	話しすぎる
持つ	持ちやすい	持ちにくい	持ち方	持ちすぎる
呼ぶ	呼びやすい	呼びにくい	呼び方	呼びすぎる
読む	読みやすい	読みにくい	読み方	読みすぎる
作る	作りやすい	作りにくい	作り方	作りすぎる
切る	切りやすい	切りにくい	切り方	切りすぎる
見る	見やすい	見にくい	見方	見すぎる
食べる	食べやすい	食べにくい	食べ方	食べすぎる
来る	来やすい	来にくい	来方	来すぎる
する	しやすい	しにくい	し方	しすぎる

②

❶ Ⓐ ご飯を 食べに 行きましょうか。

Ⓑ はい、食べに 行きましょう。

❷ Ⓐ ちょっと 休みましょうか。

Ⓑ はい、休みましょう。

❸ Ⓐ かばんの 中に 何か ありますか。

Ⓑ いいえ、何も ありません。

❹ Ⓐ 隣の 部屋に 誰か いますか。

Ⓑ いいえ、誰も いません。

③

❶ 오늘은 빨리 집에 가고 싶습니다.

今日は 早く 家に 帰りたいです。

❷ 이번 여름방학에 일본에 놀러 가고 싶습니다.

今度の 夏休みに 日本へ 遊びに 行きたいです。

❸ 히라가나는 읽기 쉽습니다만, 가타카나는 읽기 어렵습니다.

ひらがなは 読みやすいですが、カタカナは 読みにくいです。

❹ 어제 회식에서 과음했습니다.

昨日、飲み会で 飲みすぎました。

❺ 점심시간입니다. 식사하러 갑시다.

昼休みです。食事に 行きましょう。

의미	동사	て형	의미	동사	て형
사다	買う	買って	만나다	会う	会って
걷다	歩く	歩いて	가다	行く	行って
헤엄치다	泳ぐ	泳いで	이야기하다	話す	話して
빌려주다	貸す	貸して	기다리다	待つ	待って
들다	持つ	持って	죽다	死ぬ	死んで
부르다	呼ぶ	呼んで	날다	飛ぶ	飛んで
읽다	読む	読んで	마시다	飲む	飲んで
끝나다	終わる	終わって	만들다	作る	作って
돌아가다	帰る	帰って	들어가다	入る	入って
알다	知る	知って	자르다	切る	切って
일어나다	起きる	起きて	보다	見る	見て
먹다	食べる	食べて	자다	寝る	寝て
오다	来る	来て	하다	する	して

②

① (行く・買う・食べる)

コンビニへ 行って お菓子を 買って 家で 食べます。

② (会う・見る・飲む)

友達に 会って 映画を 見て コーヒーを 飲みます。

③ (起きる・する・食べる)

早く 起きて 掃除を して 朝ご飯を 食べます。

④ (行く・する・寝る)

ジムへ 行って 筋トレを して 家で 寝ます。

③

① 友達と 昼ご飯を 食べる → 食べて 帰ります。

② お客さんが 来るので 掃除する → 掃除して 置きます。

③ 明日は 朝早く 来る → 来て ください。

④ ここに お名前と ご住所を 書く → 書いて ください。

④

① 今、ジムで 運動して (⦅います⦆・ あります)。

② ドアが 開いて (⦅います⦆・ あります)。

③ 壁に 風景のカレンダーが 掛けて (います ・⦅あります⦆)。

④ 黒板に「静かに しなさい」と 書いて (います ・⦅あります⦆)。

⑤

① 학교에서 친구랑 이야기합니다.

<ruby>学校<rt>がっこう</rt></ruby>で <ruby>友達<rt>ともだち</rt></ruby>と <ruby>話<rt>はな</rt></ruby>します 。

② 온천에서 헤엄쳐서는 안 됩니다.

<ruby>温泉<rt>おんせん</rt></ruby>で <ruby>泳<rt>およ</rt></ruby>いでは いけません 。

③ 여기서 사진을 찍어도 좋습니까?

ここで <ruby>写真<rt>しゃしん</rt></ruby>を <ruby>撮<rt>と</rt></ruby>っても いいですか 。

④ 여기요, 계산해 주세요.

すみません。 お<ruby>会計<rt>かいけい</rt></ruby>を して ください 。

⑤ 선생님은 빨간 원피스를 입고 있습니다.

<ruby>先生<rt>せんせい</rt></ruby>は <ruby>赤<rt>あか</rt></ruby>いワンピースを <ruby>着<rt>き</rt></ruby>て います 。

⑥ 이미 수업 전에 교과서를 읽어 두었습니다.

もう <ruby>授業<rt>じゅぎょう</rt></ruby>の<ruby>前<rt>まえ</rt></ruby>に <ruby>教科書<rt>きょうかしょ</rt></ruby>を <ruby>読<rt>よ</rt></ruby>んで あります 。

一生懸命 勉強した 方が いいです。
<small>いっしょうけんめい べんきょう ほう</small>

① 1

의미	동사	た형	의미	동사	た형
사다	買う <small>か</small>	買った <small>か</small>	만나다	会う <small>あ</small>	会った <small>あ</small>
걷다	歩く <small>ある</small>	歩いた <small>ある</small>	가다	行く <small>い</small>	行った <small>い</small>
헤엄치다	泳ぐ <small>およ</small>	泳いだ <small>およ</small>	이야기하다	話す <small>はな</small>	話した <small>はな</small>
빌려주다	貸す <small>か</small>	貸した <small>か</small>	기다리다	待つ <small>ま</small>	待った <small>ま</small>
들다	持つ <small>も</small>	持った <small>も</small>	죽다	死ぬ <small>し</small>	死んだ <small>し</small>
부르다	呼ぶ <small>よ</small>	呼んだ <small>よ</small>	날다	飛ぶ <small>と</small>	飛んだ <small>と</small>
읽다	読む <small>よ</small>	読んだ <small>よ</small>	마시다	飲む <small>の</small>	飲んだ <small>の</small>
끝나다	終わる <small>お</small>	終わった <small>お</small>	만들다	作る <small>つく</small>	作った <small>つく</small>
돌아가다	帰る <small>かえ</small>	帰った <small>かえ</small>	들어가다	入る <small>はい</small>	入った <small>はい</small>
알다	知る <small>し</small>	知った <small>し</small>	자르다	切る <small>き</small>	切った <small>き</small>
일어나다	起きる <small>お</small>	起きた <small>お</small>	보다	見る <small>み</small>	見た <small>み</small>
먹다	食べる <small>た</small>	食べた <small>た</small>	자다	寝る <small>ね</small>	寝た <small>ね</small>
오다	来る <small>く</small>	来た <small>き</small>	하다	する	した

② **❶** (行く・描く)

暇な時は、散歩に 行ったり 、絵を 描いたり します。

❷ (読む・引く)

暇な時は、本を 読んだり 、ピアノを 引いたり します。

❸ (会う・作る)

暇な時は、友達に 会ったり 、料理を 作ったり します。

❹ (見る・アップロードする)

暇な時は、ユーチューブを 見たり 、インスタグラムに 写真を

アップロードしたり します。

③ **❶** (やる)

最後まで やった 方が いいです。

❷ (休む)

疲れたら、少し 休んだ 方が いいです。

❸ (相談する)

困った時は、両親に 相談した 方が いいです。

❹ (旅行に 行く)

気分転換のためには、旅行に 行った 方が いいです。

④ ❶ (電気が つく)

家に 帰ったら 電気が ついた ままに なって いました。

❷ (口を 開ける)

口を 開けた まま 居眠りを して います。

❸ (立つ)

電車が 混んで いたので、ずっと 立った ままでした。

❹ (スマホを 置く)

テーブルの 上に スマホを 置いた まま 出掛けて しまいました。

⑤ ❶ (取る) → 免許を 取った ばかりです。

❷ (付き合う) → 彼女と 付き合った ばかりです。

❸ (なる) → 妹は 先月 20歳に なった ばかりです。

❹ (来る) → 私は 3ヶ月前に 韓国に 来た ばかりです。

6

① 창문을 열어둔 채 외출해 버렸습니다.

窓_{まど}を 開_あけたまま 出掛_{でか}けて しまいました 。

② 건강을 위해 채소를 먹는 것이 좋아요.

健康_{けんこう}のために 野菜_{やさい}を 食_たべた 方_{ほう}が いいです 。

③ 지금 막 점심을 먹었습니다.

たった今_{いま}、昼_{ひる}ご飯_{はん}を 食_たべたばかりです 。

④ 일본에 간 적이 있습니까?

日本_{にほん}に 行_いった ことが ありますか 。

⑤ 이전에 연예인을 만난 적이 있습니까?

以前_{いぜん}に、芸能人_{げいのうじん}に 会_あった ことが ありますか 。

동양북스 채널에서 더 많은 도서
더 많은 이야기를 만나보세요!

▶ 유튜브

인스타그램

blog 블로그

포스트

페이스북

카카오뷰

외국어 출판 45년의 신뢰
외국어 전문 출판 그룹
동양북스가 만드는 책은 다릅니다.

45년의 쉼 없는 노력과 도전으로 책 만들기에 최선을 다해온
동양북스는 오늘도 미래의 가치에 투자하고 있습니다.
대한민국의 내일을 생각하는 도전 정신과 믿음으로 최선을 다하겠습니다.

📖 동양북스